Cómo sanar patrones familiares ancestrales

Cómo sanar patrones familiares ancestrales

Guía práctica para poner fin al ciclo del trauma intergeneracional

Dr. Steven Farmer

ámbar

Las prácticas presentadas en este libro no pretenden sustituir el consejo profesional o tratamiento médico. Consulte a un profesional de la salud para una orientación personalizada.

CÓMO SANAR PATRONES FAMILIARES ANCESTRALES
Guía práctica para poner fin al ciclo del trauma intergeneracional

Título original: *Healing Ancestral Family Patterns. A Practical Guide to Ending the Cycle of Intergenerational Trauma*

Publicado según acuerdo con Hierophant Publishing Corp. a través de International Editors & Yáñez Co' S.L.

Traducción: Irene Jové

Diseño de portada: Adrian Morgan
Arte de portada: Shutterstock

D.R. © 2025, Editorial Océano, S.L.U.
C/ Calabria, 168-174 - Escalera B - Entlo. 2ª
08015 Barcelona, España
www.oceano.com

D.R. © 2025, Editorial Océano de México, S.A. de C.V.
Guillermo Barroso 17-5, Col. Industrial Las Armas
Tlalnepantla de Baz, 54080, Estado de México

Primera edición: 2025

ISBN: 978-84-128998-3-2 (Océano España)
ISBN: 978-607-584-147-2 (Océano México)
Depósito legal: B 16161-2025

IMPRESO EN ESPAÑA / *PRINTED IN SPAIN*

9005972010925

Si observas con atención la palma de tu mano, verás a tus padres y a todas las generaciones de tus antepasados. Todos ellos están vivos en este momento. Cada uno está presente en tu cuerpo. Eres la continuación de cada una de esas personas.

THICH NHAT HANH,
Momento presente, momento maravilloso

Índice

Introducción

Pasé mi primera infancia en Iowa, pero cuando tenía doce años, mi familia se mudó a California. No recibí una educación religiosa estricta, pero íbamos a la iglesia de vez en cuando. Como muchas personas que han crecido en Estados Unidos, ni siquiera pensé en mis antepasados durante gran parte de mi infancia. Incluso después de que mis abuelos y padres murieran, no pensaba en ellos como «antepasados», ni tampoco veía así a ninguno de mis bisabuelos o parientes aún más distantes con los que estaba biológica y espiritualmente relacionado. Sólo eran parientes muertos, así de simple y llano. No estaban presentes. Ya no tenían ninguna relevancia en mi vida.

Después de completar mis estudios en psicología y psicoterapia, me licencié como terapeuta matrimonial y familiar. Cuando empecé a ejercer, me llamó la atención el hecho de que muchos de los problemas de mis pacientes eran en parte consecuencia de su dinámica familiar, aunque al principio no miré mucho más allá de sus familias inmediatas. Con el tiempo, me pareció cada vez más evidente que sus primeros años de formación y la naturaleza de las familias en las que habían crecido debían tenerse en cuenta para lograr un avance en su sanación emocional y psíquica. Pero todavía no sabía en qué medida sus árboles genealógicos ampliados y los patrones que contenían estaban influyendo en sus vidas.

Continué mi formación profesional en sistemas familiares, hipnoterapia, terapia gestáltica y varias terapias diferentes. Además, hice mi propio trabajo interior, explorando muchas vías para la sanación conductual, emocional y psíquica. Entonces, en 1990, comencé a estudiar chamanismo con maestros de una amplia gama de tradiciones, desde tibetanas hasta celtas y muchas más. Todos mis maestros chamánicos enfatizaron la idea de que nuestros antepasados son una presencia activa en nuestras vidas. Fue entonces cuando todo cobró sentido para mí. Comencé a incorporar la sanación ancestral en mi práctica espiritual diaria y a enseñarla a mis pacientes, con resultados extraordinarios.

PATRONES FAMILIARES ANCESTRALES

Llamamos patrones familiares ancestrales a aquellos rasgos físicos, emocionales, conductuales y psicológicos, tanto positivos como negativos, que has heredado de tus antepasados y que llevas en tu ADN y en tu alma. Veamos ahora con más detalle cada una de estas categorías.

Rasgos físicos

Los rasgos físicos que heredas de tus antepasados pueden ser características obvias como la altura, la complexión y el color de los ojos, pero también predisposiciones a enfermedades y lesiones físicas, así como actitudes y hábitos relacionados con la salud física. Estos rasgos familiares físicos pueden manifestarse como:

- Negarse a recibir la atención médica adecuada cuando sea necesario
- Hipocondría o simulación en la enfermedad con el fin de evitar las exigencias de la vida
- Tomar riesgos innecesarios que resultan en lesiones frecuentes
- Comer en exceso por miedo a pasar hambre en el futuro
- Comer «como un pájaro» o tener poco interés en la comida
- Tendencia a sufrir dolores de cabeza, resfriados, enfermedades cardíacas u otras enfermedades específicas
- Ser propenso a enfermedades prevenibles debido a la falta de ejercicio o autocuidado
- Lesiones que resultan del exceso de trabajo, cargar con demasiadas responsabilidades o tratar de hacerlo todo uno mismo
- Morir joven o vivir hasta la vejez
- Sentirse asentado en el cuerpo o ser muy mental
- Verse a uno mismo como físicamente frágil o robusto

Rasgos emocionales

Los rasgos emocionales están relacionados con el temperamento. ¿Heredaste la melancolía de tu abuela? ¿El mal genio de tu padre? ¿Toda tu familia disfrutaba contando chistes e historias? Algunos rasgos familiares emocionales comunes son:

- Una tendencia a la melancolía o la depresión
- Ser socialmente retraído o gregario
- Ser irascible y temperamental
- Castigar a los demás con distancia emocional
- Abrumar a los demás con muestras de emoción exageradas
- Reprimir las propias emociones para mantener la paz
- «Sacarlo todo» y hablar sin filtro, sin importar las consecuencias
- Sufrir ataques intensos de celos, indignación o desprecio
- Ser incapaz de sentir o identificar las propias emociones

Rasgos de comportamiento

Los rasgos de comportamiento rigen las acciones que emprendes o te abstienes de emprender. ¿Eres alguien que corre riesgos o vas a lo seguro? ¿Te resulta fácil comprometerte con las relaciones o pasas de una pareja a otra? Los rasgos de comportamiento pueden incluir:

- Adicción al trabajo, alcoholismo, compras compulsivas u otras adicciones
- Una fuerte atracción hacia una determinada trayectoria profesional o vocación
- Una atracción recurrente hacia el mismo juego, deporte o pasatiempo
- Una tendencia a ahorrar dinero y ser frugal
- Un hábito de gastar dinero tan pronto como se gana

- Soportar matrimonios, divorcios, relaciones abusivas o embarazos no deseados
- Ser estricto o indulgente en la crianza de los hijos
- Abandono, negligencia o abuso
- Relaciones familiares muy unidas o generaciones de rivalidades entre hermanos, divisiones y disputas familiares
- Destierro o exilio
- Arraigo o mudanzas frecuentes

Rasgos psicológicos

Los rasgos psicológicos influyen en tu forma de pensar y procesar la información, así como en tus creencias e inclinaciones específicas. Éstos pueden aparecer en tu árbol genealógico como:

- Puntos de vista políticos, religiosos o espirituales en común
- Creencias compartidas sobre los roles y la identidad de género, o sobre la sexualidad y su expresión
- Una tendencia a la ansiedad
- Excesiva autoconfianza o arrogancia
- Falta de confianza en uno mismo y autosabotaje
- Una «memoria de elefante» o una «memoria de pez»
- Ser olvidadizo, sufrir niebla mental
- Tener rapidez mental o ser un soñador siempre con la cabeza en las nubes

Cuando se toman en conjunto, estas cuatro categorías de rasgos comienzan a describir patrones reconocibles. ¿Los miembros de tu familia tienen la costumbre de acumular grandes fortunas para después malgastarlas? ¿Son emocionalmente distantes con sus propios hijos, pero cálidos y afectuosos con los hijos de los demás? ¿Tienden a protegerse de manera constante contra desastres que nunca llegan? ¿Descuidan su salud hasta que es demasiado tarde? ¿No logran controlar su ira? ¿Se niegan a disculparse, incluso a costa de perder amistades y relaciones queridas?

A pesar de lo que estas preguntas puedan implicar, es importante tener en cuenta que no todos los patrones ancestrales son malos. Al contemplar tu propia ascendencia, descubrirás que muchos de los rasgos familiares que encuentras son dignos de admiración y aplauso, y tendrás ocasión de hacerlo mientras trabajas con este libro. Mi objetivo principal es ayudarte a sanar los patrones que te causan una angustia innecesaria o que te impiden gozar de una salud, felicidad y conexión óptimas. Como pronto verás, cuando haces este trabajo de sanación, los beneficios fluyen hacia atrás y hacia adelante a lo largo de tu árbol genealógico, afectando a toda tu línea familiar: pasado, presente y futuro.

CONEXIONES ANCESTRALES

Aunque hay diferentes puntos de vista sobre lo que es un antepasado o un espíritu ancestral, parece haber cierto acuerdo en que el término se refiere a una persona fallecida que habita «al otro lado», justo detrás del velo. La mayoría de la gente piensa en los antepasados como aquellos con quienes están emparentados biológicamente, y eso es del todo válido. Pero, en algunos casos, podemos tener conexiones con antepasados que van más allá de nuestros linajes directos: por ejemplo, en el caso de la adopción, o simplemente porque sentimos una fuerte conexión espiritual.

Mira con atención los rasgos de tu rostro y compáralos con los de tus padres y, si es posible, con los de tus abuelos. Puedes descubrir características o incluso enfermedades físicas que hacen eco de los rostros de esos familiares. Y está demostrado que nuestras familias viven dentro de nosotros, tanto en nuestro ADN como en nuestras almas.

En su libro *My Stroke of Insight*, la neuroanatomista Jill Bolte Taylor afirma que, de hecho, el 99.99 por ciento de la secuenciación genética humana es exactamente la misma. ¡Eso significa que sólo el 0.01 por ciento de nuestro ADN nos hace los individuos únicos que somos! Así que, en realidad, no importa qué desarrollos étnicos y culturales nos hayan dado forma, entre todos nosotros hay muchas más similitudes que diferencias. Nuestra complexión física, nuestros rasgos faciales, nuestro color de piel: la confluencia de éstos y tantos otros factores se unieron de modo milagroso para hacernos quienes somos. Ningún ser humano es igual a otro en este planeta. Sin embargo, paradójicamente, debido a nuestro ADN, todos estamos conectados con todos los demás seres humanos.

Para identificar las características de ese 0.01 por ciento, sólo tenemos que mirar a nuestros antepasados más directos: madre, padre, abuela, abuelo, etc. Genética y espiritualmente, tenemos una conexión mucho más fuerte con familiares de las tres generaciones anteriores, algunos de los cuales probablemente hayamos conocido. Es posible que a otros no los hayamos conocido, como nuestros tatarabuelos, pero es probable que hayamos oído historias sobre ellos.

Cuando nace un bebé, las personas a menudo hacen comentarios como: «Mira, se parece a su padre/madre/hermana/hermano». Esas semejanzas familiares generalmente se hacen más evidentes a medida que el niño crece. Además, ese niño conserva en su composición genética no sólo las características físicas de estos antepasados, sino también sus predilecciones psicológicas y emocionales. En otras palabras, nuestros antepasados más inmediatos transmiten algo más que similitudes físicas; también transmiten sus rasgos de carácter positivos, así como sus comportamientos y patrones poco saludables y disfuncionales.

Si retrocedemos varias generaciones, estas conexiones pueden volverse menos obvias a medida que el acervo genético se vuelve cada vez más difuso. El número de antepasados se duplica en cada generación, empezando por nuestros padres. Diez generaciones atrás, el número de antepasados directamente relacionados se eleva a 1024. ¡Veinte generaciones atrás, crece a 1048576! De hecho, si retrocedemos lo suficiente, descubrimos que todos compartimos un linaje común. Al fin y al cabo, todos partimos del mismo acervo genético. Y aunque estamos compuestos de material genético más similar al de nuestra línea familiar más inmediata, hay otros factores que también pueden influir en nuestro carácter y nuestra personalidad. Ésos son los patrones que trabajaremos en este libro.

Estas conexiones ancestrales son una parte indeleble de nuestro patrimonio. Pero los patrones que residen en sus profundidades no están arraigados de forma permanente. Con un esfuerzo hecho a conciencia, pueden modificarse y sanarse. Esto sólo requiere que seamos proactivos e intencionales en nuestros esfuerzos. Además, como nos dice Helen Schucman en *Un curso de milagros*: «Cuando sano, no sano yo solo» (Lección 137). Como verás, cuando sanas patrones ancestrales a través de los métodos descritos en este libro, esta sanación retrocede hacia tus antepasados y avanza hacia tus descendientes.

ADVERTENCIA

En las páginas siguientes, te proporciono todas las herramientas que necesitas para sanar las heridas de tus antepasados, a la vez que aprovechas sus fortalezas únicas. No importa cuán fuertes e intransigentes puedan parecer tus patrones ancestrales, no dudes que puedes ser tú quien los transforme, tanto para ti como para el beneficio de las generaciones futuras.

Sin embargo, hay momentos en los que debes buscar ayuda profesional antes de intentar sanar patrones ancestrales. Si bien el objetivo de las prácticas de este libro es abordar cualquier posible causa subyacente relacionada con un patrón familiar, algunas afecciones pueden requerir la intervención inicial de un profesional cualificado. Estas afecciones incluyen:

- Trastornos emocionales graves
- Enfermedades potencialmente mortales
- Duelo por una pérdida
- Episodios de pánico frecuentes
- Adicciones debilitantes
- Tensión muscular por estrés excesivo
- Emergencias espirituales

Si experimentas alguna de estas condiciones, busca ayuda y consulta los recursos en los apéndices al final de este libro para obtener más sugerencias.

Otra advertencia que quiero hacer es sobre el trastorno de estrés postraumático, o TEPT, una afección caracterizada por pesadillas, *flashbacks* y sobreactivación crónica de la respuesta de lucha o huida. Muchas personas sólo sienten curiosidad por este patrón ancestral después de compartir el trauma de un miembro de la familia o un antepasado. Una participante de uno de mis talleres de sanación ancestral sufrió enormes penalidades en un campo de trabajo nazi cuando era una niña muy pequeña. Una de sus horribles experiencias ocurrió cuando su abuela tuvo que sacrificar a un niño nacido en el campamento para salvar a otros miembros de la familia.

Muchos años después, esta mujer quedó embarazada de un bebé al que se le diagnosticó una enfermedad que conlleva discapacidades físicas y mentales graves. Ante la desgarradora elección de dar a luz al niño o tener un aborto tardío, ella y su esposo eligieron «salvar las vidas» de sus dos hijas sanas en lugar de permitir que sus recursos físicos y emocionales se consumieran en el cuidado de un niño discapacitado. No fue hasta que asistió a mi taller que esta mujer conectó la experiencia de su abuela durante el Holocausto con su propia situación. Cuando se dio cuenta de que el trauma de perder un bebé se había repetido a través de generaciones, entendió que estaba profundamente conectada con el dolor de su abuela.

Muchos de los *baby boomers* tenemos padres cuyas vidas fueron alteradas irrevocablemente por la Segunda Guerra Mundial, ya fueran soldados, prisioneros, huérfanos o viudas. Incluso si nacimos después de la guerra, los efectos de ese acontecimiento traumático pueden haber persistido en forma de los arrebatos de ira de un padre, el dolor de una madre o la desconfianza de por vida de un abuelo hacia las personas del «otro bando». Si tus antepasados vivieron una guerra, un desastre natural o alguna otra experiencia altamente estresante, es posible que hayan sufrido TEPT. A su vez, tú y tus hermanos podéis llevar este dolor como consecuencia de tener padres que sufren ataques de ira, se aíslan emocionalmente, abusan de las drogas y el alcohol, o actúan de manera aterradora o impredecible.

Todo el mundo responde de una manera diferente a estas situaciones, por lo que la intensidad de las reacciones puede variar entre individuos y también a lo largo de una sola vida, dependiendo de otros factores estresantes o protectores que puedan estar presentes. Hay cuatro signos específicos que debes buscar para determinar si tus patrones ancestrales incluyen antecedentes de TEPT, ya sea como consecuencia de un abuso, guerra u otra forma de violencia. Puede tratarse de recuerdos intrusivos, evitación, cinismo y vigilancia constante. Veamos brevemente cada uno para que puedas aprender a reconocerlos en tu propia vida.

Recuerdos intrusivos: cuando las imágenes y los sentimientos de una experiencia traumática se retienen en tu memoria mental, emocional o física, los acontecimientos o acciones que se asemejan a ese trauma pueden desencadenar alucinaciones, pesadillas y angustia emocional severa. Por ejemplo, si creciste con un padre agresivo, puedes sentirte atemorizado por el sonido de un portazo o el aroma de una determinada colonia o producto para el pelo.

Evitación: si sufriste abusos u otras formas de estrés extremo, puede ser que evites consciente o inconscientemente lugares, personas y situaciones que te recuerden los hechos y hagas todo lo posible para mantenerte «seguro», incluso cuando esto te impida participar en las actividades cotidianas. O puede que niegues el problema y trates de no pensar o hablar sobre él.

Cinismo: las experiencias traumáticas, especialmente las que involucran a familiares o miembros de la familia, pueden llevarte a tener una visión cínica del mundo y de los demás. Por ejemplo, si viste a tu padre pegar a tu madre, puedes llegar a la conclusión de que todos los hombres son violentos y controladores, y evitar tener una relación cercana con ellos. Puede ser que incluso evites las relaciones íntimas para protegerte.

Vigilancia constante: esto puede manifestarse como una dificultad para dormir o una tendencia a sobresaltarse con facilidad. Tal vez sientas los nervios a flor de piel la mayor parte del tiempo o te veas escudriñando el mundo en busca de signos de posibles peligros, incluso en situaciones que son bastante seguras. Esto puede hacer que te resulte difícil concentrarte en la escuela o el trabajo y agotar tus recursos mentales y físicos para las tareas ordinarias de la vida.

Aunque los recursos para manejar el TEPT solían ser escasos, ahora hay muchos tratamientos disponibles para quienes lo padecen. Antes de continuar con las prácticas de sanación ancestral en este libro, algunas de las cuales pueden ser bastante intensas, evalúa tu propio nivel de traumatización. Si tu miedo o ansiedad se activa de alguna de las maneras descritas anteriormente, o si sufres de pesadillas frecuentes o *flashbacks* sobre miembros de la familia, te sugiero que busques la orientación y el apoyo de un terapeuta certificado. Siempre puedes volver a tu camino de sanación una vez que tus síntomas de trauma estén bajo control.

CÓMO USAR ESTE LIBRO

Este libro está organizado en dos partes. La primera describe el proceso de analizar tu árbol genealógico: hacer un inventario de los patrones ancestrales, desvelar los secretos familiares, descubrir lo que yo llamo tu «ley oscura», examinar las historias que cuentas sobre ti y tus antepasados, y recibir e interpretar los mensajes que te envían tus antepasados. Te recomiendo que leas la primera parte en su totalidad antes de pasar a la segunda, que puedes leer en el orden que desees, pasando a los capítulos que te llamen la atención.

La segunda parte introduce una amplia gama de prácticas para sanar patrones ancestrales. Éstas se extraen de muchas tradiciones espirituales y terapéuticas diferentes, desde el chamanismo hasta la terapia de conversación moderna. Aunque es posible que ya conozcas algunas de ellas, no tengas miedo de experimentar con prácticas que estén fuera de tu zona de confort. Podría sorprenderte lo eficaces que son. Recuerda, la tarea de sanar los patrones ancestrales no se limita a una cultura o tradición. Todos los seres humanos del mundo se enfrentan a este importante trabajo.

Te recomiendo encarecidamente que, antes de comenzar esta labor, te comprometas a llevar un diario en el que anotes tus experiencias y lo que aprendas de los ejercicios que siguen. Cualquier tipo de cuaderno servirá, siempre y cuando esté dedicado a tu proceso de sanación. En él, registra tus sueños, tus impresiones, tus comunicaciones con los antepasados y tus experiencias sanadoras para que puedas recuperarlos y reflexionar sobre ellos más tarde. Ésta puede ser una herramienta inestimable a medida que avanzas por el camino de la sanación ancestral.

Muchos de los ejercicios de este libro están inspirados en el chamanismo. Cuando uso esta palabra aquí, me refiero a algo más que a la tradición siberiana de la que proviene. Más bien, la uso para describir las prácticas espirituales de los pueblos nativos de todo el mundo que eran comunes antes de que surgiera la religión moderna. Como verás, estas antiguas prácticas curativas tienen mucho que enseñarnos sobre el trabajo ancestral, aunque la ciencia occidental las ha ignorado en gran medida.

Dicho esto, no es necesario seguir un camino chamánico para disfrutar de los abundantes beneficios que tú, tu familia y tus descendientes podéis obtener de una relación activa y consciente con vuestros antepasados. Tanto si eres ateo como místico, trabajar con tus antepasados puede ser una forma efectiva de lograr la sanación y el crecimiento personal. Desarrollar una conciencia de tus patrones ancestrales puede ayudarte a construir tu propio camino de vida con mayor facilidad y confianza. Y al establecer conexiones amorosas con tus antepasados, te aseguras de que nunca caminarás solo.

Cuando te abres a los espíritus de tus antepasados, encuentras que pueden enseñarte, guiarte, protegerte y ayudarte a sanar. Te alientan sin hacer notar necesariamente su influencia. Te escuchan y oyen tu llamada. Y te entienden profunda y empáticamente. Aquellos que han muerto retienen recuerdos en el alma de lo que era ser humano, con todas sus alegrías, angustias, placeres y decepciones. Simplemente los ven desde una perspectiva espiritual mucho más amplia.

Hoy en día, es más importante que nunca que despertemos y desarrollemos nuestra relación con nuestros antepasados. En este momento de nuestra evolución, debemos experimentar nuestra conexión íntima con todos los seres, tanto visibles como no visibles. A medida que avanzamos a través de este rápido cambio en la conciencia humana y los cambios drásticos que tienen lugar en la Tierra, podemos aprender de aquellos que han caminado aquí antes que nosotros. Nuestros antepasados pueden ayudarnos con la restauración definitiva del equilibrio en la relación que tenemos con nuestro planeta. Nos muestran que debemos nutrir y considerar a los hijos de las generaciones venideras que serán los encargados de restaurar ese equilibrio. Quieren ayudar, porque están preocupados por sus propios descendientes. Sólo tenemos que prestarles la atención que merecen y abrirnos a recibir su orientación.

Espero que este libro te enseñe no sólo de qué manera pueden ayudarte tus antepasados, sino también cómo puedes ayudarlos tú a ellos. Cuando nuestros antepasados hacen la transición al mundo del espíritu, pueden cargar con residuos de heridas emocionales, mentales y físicas no sanadas que tuvieron en vida. Puedes ayudar a sanar los ecos de esas heridas para que puedan continuar su evolución en el más allá y encontrar su camino hacia la luz. Al hacerlo, descubrirás las muchas formas en que esto te afecta tanto a ti como a tus propios descendientes, para que las generaciones posteriores nunca tengan que llevar estas cargas.

PRIMERA PARTE

Comprender los patrones familiares ancestrales

Capítulo 1

Investiga tu ascendencia

Cuando comienzas el viaje de sanar tus patrones ancestrales, es útil obtener una imagen lo más amplia posible de cuáles son esos patrones y de dónde provienen. No tienes que ser un genealogista experto para hacerlo. Sólo tienes que reflexionar sobre tus padres y abuelos, y quizás sobre antepasados más lejanos, y reunir recuerdos, historias y hechos sobre sus vidas y personalidades. Considera el contexto histórico en el que vivieron y los secretos que guardaban. Esto puede decirte mucho sobre quién eres. Tomarte el tiempo para contemplar tu herencia puede abrirte los ojos ante las fuerzas invisibles que te han dado forma, fuerzas que se remontan no sólo al transcurso de tu vida, sino a siglos e incluso milenios atrás.

En los últimos treinta años, ha habido una explosión de investigaciones sobre las formas en que nuestros padres y las experiencias de la primera infancia configuran nuestras personalidades y nuestra predisposición a enfermedades físicas y mentales. Hemos descubierto que las experiencias adversas de la infancia, como sufrir abusos, pobreza o la muerte de un padre, pueden afectarnos para el resto de nuestras vidas. Estas experiencias pueden aumentar nuestras posibilidades de sufrir ansiedad, depresión, adicción y enfermedades cardíacas e incluso predecir nuestros futuros logros educativos y profesionales. Muchos adultos van a terapia para tratar de comprender de qué manera les afectaron sus padres. En numerosos casos, tanto los pacientes como los terapeutas asumen que son los padres quienes tienen la mayor influencia en la vida de un niño, mientras ignoran las muchas generaciones de antepasados que están detrás de esos padres.

Pero en su libro *El código del alma. La respuesta a la voz interior*, el psicólogo junguiano James Hillman argumenta que la creencia cultural de que nuestros padres son los únicos que nos influencian es una falacia. Afirma que estamos moldeados por fuerzas que se remontan mucho más atrás en la historia, y considera que los antepasados ejercen una influencia significativa.

> Si no tenemos en cuenta a nuestros antepasados, ¿qué podemos considerar como influencia directa y controladora sobre nuestras vidas, sino nuestros padres? Tomamos literalmente el mandamiento de «Honra a tu padre y a tu madre», que muestra decencia y bondad. Pero no olvidemos que el quinto mandamiento, junto con los que lo preceden, tiene como objetivo eliminar todo rastro de politeísmo pagano, para el cual el culto a los antepasados es esencial.

Si tienes una convicción muy firme sobre cómo te moldearon como persona tus padres y hermanos, la idea de mirar más atrás en tu árbol genealógico puede resultarte nueva. Sin embargo, con sólo un poco de investigación, descubrirás que los rasgos y patrones que atribuyes a tus padres en realidad tienen raíces mucho más profundas de lo que pensabas, a veces se remontan a cientos de años.

A continuación se presentan prácticas diseñadas para ayudarte a explorar a fondo tu ascendencia e identificar los patrones físicos, emocionales, de comportamiento y psicológicos que aún pueden estar afectándote hoy en día. Mientras trabajas en estos ejercicios, puedes pedir ayuda a familiares y amigos de la familia para completar los espacios en blanco. ¿Qué recuerda tu madre de sus tíos y tías? ¿Qué sabe tu abuelo de sus propios bisabuelos? ¿Hay fotografías, cartas o diarios antiguos disponibles para que puedas estudiarlos? ¿Las bases de datos genealógicas en línea te dan alguna pista?

Si no tienes acceso a estos recursos, no te preocupes. Muchos de los ejercicios de este libro se pueden hacer usando tan sólo tu propia intuición. Si no puedes recopilar datos o recuerdos específicos sobre tus parientes de sangre y/o adoptivos, no dudes en pasar al siguiente capítulo. Pero incluso si sólo tienes acceso a un poco de información, vale la pena recopilar todo lo que puedas.

Ejercicio: Construir un árbol genealógico

Toma varias hojas de papel sueltas y dibuja una línea en el medio de la primera página. Escribe «Padre» en la parte superior de un lado y «Madre» en la parte superior del otro, luego escribe los nombres completos de tus padres. Haz lo mismo en la segunda página, pero esta vez escribe «Abuela materna» y «Abuelo materno» y añade sus nombres completos. Repite esto en la tercera página para tus abuelos paternos, añadiendo sus nombres completos si los conoces. En las dos páginas siguientes, haz lo mismo con tus bisabuelos maternos y paternos. Empezando por tus padres, escribe cualquier dato importante que conozcas sobre ellos: los trabajos que tuvieron, las relaciones o matrimonios anteriores, accidentes, enfermedades y otros traumas. Luego añade pasatiempos, rasgos de personalidad, habilidades especiales, talentos y ambiciones. Haz lo mismo con tus abuelos y bisabuelos.

Si no sabes mucho o nada sobre un determinado pariente, déjalo en blanco. Si terminas escribiendo más de lo que cabe en la página, sigue escribiendo tantas páginas como necesites. Si has sido adoptado y conoces a tus padres biológicos y a cualquier generación anterior, usa esa información para completar estas páginas. Si eres adoptado y no conoces a tus padres biológicos, crea páginas para ellos de todos modos, ya que servirán para estimular las conexiones con tu familia biológica y sus generaciones anteriores. Puedes hacer un segundo árbol genealógico para tu familia adoptiva.

Ahora extiende las páginas como un triángulo invertido sobre la mesa o el suelo, con la página de tus padres en la parte inferior, seguida de las de tus abuelos encima y luego las de tus bisabuelos. Si quieres ampliar este ejercicio añadiendo tías, tíos, primos, tías abuelas, tíos abuelos, etc., adelante. Puedes remontarte en tu ascendencia tanto como quieras y añadir el máximo de información posible. Cuando hayas terminado de revisar las páginas, colócalas en tu diario para poder consultarlas mientras trabajas en otros ejercicios.

Ejercicio: Identificar patrones ancestrales

Una vez que hayas identificado a tus antepasados y reunido tanta información como puedas sobre ellos, la siguiente tarea consiste en buscar rasgos y patrones recurrentes.

Toma cuatro hojas de papel más. En la parte superior de la primera página, escribe «Rasgos físicos». Al revisar el árbol genealógico que creaste en el ejercicio anterior, ¿ves algún rasgo físico notable que aparezca una y otra vez? ¿Hay enfermedades comunes? ¿Y lesiones o accidentes que no puedan explicarse por la genética? ¿Las personas de tu ascendencia son físicamente activas y atléticas, o sedentarias? ¿Son agricultores que se levantan al amanecer o gente de la ciudad que están tirados en cómodas camas hasta el mediodía? Anota cualquier patrón que veas, tanto positivo como negativo.

En la parte superior de la segunda hoja, escribe «Rasgos emocionales» y luego anota cualquier rasgo emocional recurrente que descubras. ¿Tus tías maternas, tías abuelas y abuelas son conocidas por su calidez y dulzura? ¿Son famosas por su determinación de acero? ¿La depresión o la ansiedad aparecen con frecuencia? ¿Tus familiares son rencorosos? ¿Perdonan fácilmente? Una vez más, anota cualquier patrón que veas.

En la parte superior de la tercera hoja, escribe «Rasgos de comportamiento» y luego enumera los rasgos o comportamientos que identificaste en el ejercicio anterior. ¿Tu árbol genealógico está poblado de abogados astutos? ¿Guerreros valientes? ¿Artistas intuitivos? ¿Muchos miembros de la familia sufren adicciones? En caso afirmativo, ¿de qué tipo? ¿Hay generaciones de divorcios, embarazos adolescentes o adulterio? ¿Hay sacerdotes, chamanes, monjes u otros oficios contemplativos en tus ancestros? Toma nota de cualquier patrón que descubras.

En la parte superior de la cuarta hoja, escribe «Rasgos psicológicos», luego considera qué rasgos de personalidad aparecen en tu árbol genealógico. ¿El olvido, la sospecha o el optimismo aparecen una y otra vez? ¿Existe una lealtad familiar de larga data a un determinado partido político? ¿Tu árbol genealógico tiene muchos conformistas, o también hay algunos bichos raros adorables? Una vez más, enumera los patrones que aparecen.

Ahora tienes una idea de los patrones físicos, emocionales, conductuales y psicológicos que atraviesan tu línea ancestral. Ten siempre a mano estas páginas y añade nuevos datos a medida que descubras más sobre tus antepasados al trabajar en los ejercicios de este libro. Y asegúrate de anotar tus comentarios en tu diario.

Ejercicio: Considerar el contexto histórico

Los eventos históricos como guerras, hambrunas, depresiones económicas y migraciones masivas pueden tener efectos dramáticos que se extienden de generación en generación. Si tus antepasados vivieron alguna de estas situaciones traumáticas, tú también puedes haber recibido su influencia, incluso si no las has experimentado personalmente. Por ejemplo, si tus bisabuelos vivieron una hambruna, tú y los miembros de tu familia directa aún podéis tener miedo a la escasez de alimentos y establecer una norma inquebrantable de no desperdiciarlos nunca.

Para tus padres, abuelos y bisabuelos (y más atrás si es posible), haz una lista de acontecimientos históricos significativos que pueda haberles afectado. ¿Vivieron una guerra mundial o civil? ¿Participaron en movimientos políticos o sociales? ¿Se vieron obligados a emigrar, exiliarse o pedir refugio político? ¿Padecieron los efectos de una grave crisis económica?

En tu diario, reflexiona sobre cómo el hecho de vivir estos acontecimientos puede haber afectado a tus antepasados y determinado sus emociones, creencias y comportamientos, y cómo pueden haber afectado a su salud física. ¿Puedes ver si estos patrones todavía te afectan de alguna manera? Si es así, escribe de qué manera o maneras.

Ejercicio: Destapar heridas y dones ancestrales

Este ejercicio puede ayudarte a identificar las heridas más profundas que están presentes en tu linaje, así como los mayores dones. Cuando piensas en las historias que has oído sobre tus antepasados, ¿te viene a la mente algún trauma específico? Tal vez hayas oído hablar de una tía que nunca volvió a reírse después de que su hijo de diez años se ahogara en un pozo. O dos tíos que nunca volvieron a hablarse tras haber tenido una discusión en un viaje de pesca veinte años antes. Y a la inversa, ¿te aparece algún caso de heroísmo, compasión o autosacrificio?

Ahora responde las siguientes preguntas, nombrando a los antepasados en cuestión y anotando todo lo que sepas sobre el incidente en tu diario.

- ¿Algún antepasado ha sido desterrado o exiliado de tu familia?

- ¿Algún antepasado ha abandonado o rechazado a tu familia?
- ¿Algún antepasado ha sufrido una muerte prematura por suicidio, asesinato o imprudencia?
- ¿Algún antepasado ha cometido un delito grave?
- ¿Algún antepasado ha sufrido de escasez extrema?
- ¿Algún antepasado ha sufrido una herida emocional grave?
- ¿Algún antepasado ha sido víctima o perpetrador de una conquista territorial o cultural, o de un genocidio?

Ahora responde las siguientes preguntas sobre los dones que pueden estar ocultos en tu árbol genealógico. Una vez más, nombra a los antepasados en cuestión y escribe todo lo que sepas sobre el incidente en tu diario.

- ¿Algún antepasado ha mostrado un coraje o fortaleza extremos?
- ¿Algún antepasado ha mostrado un amor y compasión intensos?
- ¿Algún antepasado ha hecho grandes sacrificios por los demás?
- ¿Algún antepasado ha superado un gran obstáculo?
- ¿Algún antepasado ha sido creativo o inteligente, un artista o inventor?
- ¿Algún antepasado ha tenido valores que sean significativos para ti?

Puedes consultar estas listas al decidir con qué antepasados trabajar o qué patrones ancestrales abordar en los ejercicios de la segunda parte.

Ejercicio: Crear una lista de deseos ancestral

Cuando piensas en tu familia y tu ascendencia, ¿tienes alguna pregunta en particular que siempre has querido responder? Por ejemplo, ¿siempre has anhelado saber por qué tu abuelo dejó a tu abuela? ¿O por qué toda tu familia tiene sueños muy vívidos y proféticos? ¿O por qué no puedes dejar de pensar en ciertos antepasados, aunque nunca los hayas conocido? Tal vez te hayas preguntado si tu propia trayectoria en la vida es paralela a la de un antepasado específico y te gustaría pedirle orientación a esa persona.

Haz una lista con esas preguntas y tenla a mano a medida que avanzas en los ejercicios de la segunda parte. Saber por qué estás en este viaje te ayudará a mantener la motivación y hará que los mensajes que recibas de tus antepasados sean más fáciles de entender.

Capítulo 2

Secretos familiares

A medida que realizas un análisis exhaustivo y amplio de la historia de tu familia, puede ser que descubras secretos. Es posible que tropieces con una entrada de diario reveladora o una carta, o un familiar al que te hayas acercado puede decirte algo que hasta ahora no se ha dicho. Incluso puedes descubrir secretos que te has ocultado a ti mismo, sucesos que experimentaste o presenciaste, pero que se introdujeron profundamente en tu subconsciente. En algunos casos, descubrir estos secretos puede ser alegre y provocar una comprensión muy necesaria. En otros casos, puede resultar doloroso confrontarlos.

Debido a las prohibiciones culturales y sociales, ciertos hechos sobre nuestras familias suelen permanecer reprimidos, junto con los fuertes sentimientos que llevan asociados. Por desgracia, sentimientos como la rabia, la lujuria, la culpa o el miedo —así como comportamientos inaceptables como el incesto, las adicciones o los trastornos alimentarios— a menudo se expresan de alguna manera, a pesar de nuestros intentos de mantenerlos a raya. Por ejemplo, aquellos que sufrieron abusos sexuales en su infancia pueden expresarlo como adicción sexual, o aquellos que cargan con un gran sentimiento de culpa pueden tratar de hacer que otros se sientan culpables. O lo que es aún más probable, estos sentimientos y comportamientos reprimidos pueden proyectarse sobre otros miembros de la familia, quienes luego actúan bajo estas influencias tóxicas sin ser conscientes de su fuente original.

Una amiga descubrió, tras doce años de matrimonio, que su esposo era gay. Estaba conmocionada y angustiada, y tardó un tiempo en reconciliarse con este hecho, porque afirmaba que no tenía ni idea. Varios años después, su hija reveló que estaba enamorada de otra mujer. «Cuando me enteré», dijo, «resurgieron todos los viejos sentimientos sobre mi exmarido y su revelación de que era gay. Pensé que lo había superado, pero fue una sorpresa doble oír que mi hija también lo era».

Mi amiga me contó que después de unos meses difíciles, pudo aceptar la relación de su hija. De hecho, celebra que su hija viva en un mundo en el que no tiene que ocultar su orientación sexual, a diferencia de su esposo, que nació una generación antes. Cuando contempla a sus propios descendientes, se alegra de saber que este patrón de ocultamiento y secretismo está empezando a sanar.

¿QUIÉN SOY YO?

A veces los secretos familiares son tan grandes que descubrir la verdad que esconden hace que la vida de una persona dé un giro de 180 grados. Un amigo australiano descubrió un secreto familiar que le cambió la vida cuando tenía dieciséis años y estaba en un reformatorio, mientras su vida tomaba un rumbo cuyo resultado parecía inevitable. Tenía la piel aceitunada y unos ojos oscuros y penetrantes. «No sabía quién era», me dijo. «No estaba seguro de si era filipino, mexicano, samoano; no tenía una identidad sólida. Nunca conocí a mi padre, y mi madre era completamente anglosajona, en su mayor parte irlandesa, creo».

Entonces describió un día que siempre recordaría, el día en que su abuelo paterno se presentó para sacarlo del reformatorio. Su abuelo era aborigen. Sacó a mi amigo de allí y lo llevó a la tierra de sus antepasados en el norte de Queensland, donde permaneció durante dos años explorando las tradiciones de su gente. Aprendió su idioma, sus cantos y danzas sagradas, y cómo tocar el didyeridú. Le costó un tiempo asumir la verdad sobre su identidad, que se había mantenido en secreto durante toda su vida.

Finalmente, mi amigo visitó a su padre, que estaba en la cárcel, y se enteró de otro secreto familiar traumático. Había sido concebido cuando su padre violó a su madre. Mientras trataba de asimilar esta información, se dio cuenta de que no estaba enfadado con su padre. En cambio, sentía compasión por él. No lástima, sino compasión. Aquel era su padre, para bien y para mal. Su padre le dijo que estaba orgulloso de él y del trabajo que estaba haciendo por su gente.

Cuando se levantó para irse, mi amigo tuvo la fuerte sensación de que ésta sería la última vez que vería a su padre, una impresión que no podía describir. El sentimiento era tan fuerte que consideró la posibilidad de pedirle a los guardias que lo vigilaran, pero decidió que eso sería como delatar una confidencia. Sin embargo, de alguna manera supo que su padre quería morir. Ahora que veía cómo el hijo que nunca había conocido se había convertido en hombre, su trabajo en este mundo estaba terminado. Al día siguiente, recibió la noticia de que su padre se había ahorcado. Estaba ya en el otro mundo y ahora era realmente un ancestro.

No me cabe duda de que este padre y aquellos antepasados que se habían ido al más allá antes que él se beneficiaron del viaje de sanación de mi amigo. La revelación de este potente secreto familiar lo inició en el camino de la sanación y alteró no sólo sus propios patrones ancestrales, sino los de todo su pueblo. A partir de ese momento, tomó decisiones que finalmente lo llevaron a convertirse en un defensor clave de la juventud aborigen.

CUATRO GRADOS DE SECRETOS FAMILIARES

John Bradshaw es autor de varios libros interesantes que ofrecen información sobre la sanación de heridas que resultan de crecer en una familia disfuncional. En *Family Secrets*, describe cuatro grados de toxicidad que se derivan de los secretos familiares: victimización, desmoralización, violación de la confianza y vergüenza.

El primer grado, que es el más tóxico, incluye secretos mortales que implican victimización: actividades delictivas como asesinato, agresión y tortura, así como crímenes sexuales como violación, incesto y abuso sexual.

El segundo grado se deriva de acciones que son desmoralizantes y peligrosas en potencia, aunque no necesariamente letales. Esto incluye comportamientos como el abuso de sustancias, los trastornos alimentarios, las adicciones al sexo, al amor o al juego, y los problemas de identidad debidos a una adopción o paternidad cuestionable. Si bien en última instancia es mejor que este tipo de secreto sea confrontado y revelado, advierte, hacerlo puede conllevar una reacción violenta para quien mantiene el secreto, así como para la persona que se enfrenta al guardián del secreto.

El tercer grado de toxicidad se deriva de acciones o circunstancias que pueden ser perjudiciales porque podrían violar la libertad y/o los límites de una persona. Aunque son menos dañinos que los dos primeros grados, estos secretos crean desconfianza y bloquean la comunicación. Y cuando se revelan, pueden poner el tema del secreto, así como a la persona que lo revela, en algún riesgo emocional. Según Bradshaw, estos secretos incluyen enredos familiares en los que los roles no están claros y se cruzan los límites, secretos matrimoniales como un matrimonio con una persona homosexual que no ha hecho pública su orientación sexual, la infidelidad, los resentimientos ocultos, las enfermedades emocionales y mentales y la negación de la muerte o la enfermedad.

El cuarto grado de toxicidad es el menos dañino, pero sin embargo angustiante. La revelación de estos secretos a menudo pone en riesgo emocional a quien los mantiene ocultos. Esta categoría incluye sentimientos de vergüenza tóxica —culpa, miedo, ansiedad y depresión—, así como de vergüenza cultural, que puede incluir problemas corporales, incomodidad social y crisis espiritual o religiosa.

Cuando estos secretos familiares permanecen enterrados, terminan siendo proyectados sobre otros o transmitidos de generación en generación. Su influencia tóxica puede permanecer en el linaje durante varias generaciones, a menudo siendo representada por uno o más miembros de la familia hasta que se produce una sanación activa.

A menudo, sólo cuando un descendiente comienza el viaje de sanación de estos patrones ancestrales, como lo hizo mi amigo, estos secretos salen a la luz. Sacarlos a la luz ofrece una oportunidad para liberar su control sobre los miembros de la familia y libera a las generaciones posteriores para que puedan vivir sin cargar con ellos.

Ejercicio: Revelar secretos familiares

En el curso de tus investigaciones y reflexiones sobre tu ascendencia, ¿has descubierto algún secreto familiar? ¿Son secretos felices o tristes? ¿Dónde caen en la escala de más a menos tóxicos? ¿Qué patrones se han perpetuado a través de tu árbol genealógico como consecuencia de ellos?

Haz una lista de los secretos familiares que hayas descubierto y anota sus efectos en tu diario. En la segunda parte, buscaremos formas de comunicarnos con los antepasados que participaron en ellos para facilitar la sanación, incluso si fallecieron hace mucho tiempo.

Ejercicio: Practicar la autorreflexión

Ahora que has realizado un análisis exhaustivo de tu árbol genealógico, incluyendo los secretos que puedas haber encontrado, haz una lista de los patrones que más te gustaría sanar. Recuerda que, al sanar estos patrones en ti mismo, también los estás sanando para tus antepasados, así como para las generaciones venideras.

A continuación, pongo un ejemplo para cada categoría de rasgos que se mencionan en la Introducción:

- *Físicos*: Sanar un patrón de vida sedentaria y enfermedades prevenibles.
- *Emocionales*: Sanar un patrón de guardar rencor y reconciliarse con una hermana distanciada.
- *De comportamiento*: Sanar un patrón de gasto excesivo e inseguridad financiera.
- *Psicológicos*: Sanar un patrón de miedo crónico, sospecha y secretismo.

Ten esta lista a mano mientras trabajas en el resto de los ejercicios de este libro.

Capítulo 3

La ley oscura

Al completar los ejercicios de los dos capítulos anteriores, quizá hayas tropezado con lo que yo llamo la «ley oscura», una regla no escrita que has aprendido a obedecer y que ha ejercido una potente influencia en tu vida. Tu ley oscura, cualquiera que sea, generalmente nació de una experiencia traumática que tuviste en la primera infancia, a partir de la cual te formaste una creencia muy arraigada y en gran medida inconsciente sobre ti mismo. De modo paralelo, te relacionabas con tu entorno y desarrollabas tu personalidad emergente a partir de esa creencia, sin ser plenamente consciente de ello.

Tu ley oscura es a menudo el resultado de patrones ancestrales, y suele haber uno o varios de tus antepasados más directos que sufrieron la influencia de un imperativo similar. Por ejemplo, si tu familia perdió su hogar por una ejecución hipotecaria cuando eras un niño, tu ley oscura puede ser algo como: «No hay refugio en este mundo». Cuando analizas tu ascendencia, es posible que descubras que tus tatarabuelos eran arrendatarios que se vieron obligados a abandonar sus tierras, y que «tu» ley oscura en realidad se remonta mucho más atrás que tú. Lo bueno es que puedes descubrir cuál es tu ley y trabajar para contrarrestarla, rompiendo el hechizo no sólo para ti, sino para las generaciones futuras.

A continuación se presentan algunos ejemplos de leyes oscuras y formas de contrarrestarlas. Cualquiera de ellos puede ser la base de tu propia negatividad y falta de autoestima. Es por eso por lo que tomar conciencia de ellos resulta tan crucial. Detectar y reconocer estas creencias arraigadas puede llevarte a repensar y reevaluar las conclusiones a las que llegaste cuando estabas en tus primeros años de formación y propiciar una sanación activa.

Nadie me querrá nunca porque soy malo. Esta creencia base proviene de la crítica constante, la degradación y el abuso emocional por parte de un adulto importante. Recuerdo haber visto una valla publicitaria hace años que decía: «Las palabras pueden herir». De hecho, a veces pueden herir incluso más que la agresión física, especialmente a una edad temprana y tierna, cuando eres más vulnerable a sus efectos duraderos. Esta ley oscura puede indicar que tienes un patrón ancestral de padres que hablan con dureza a los niños. Tal vez tus abuelos les hablaron así a tus padres y tus bisabuelos les hablaron así a tus abuelos, lo que dio lugar a generaciones de miembros de la familia que no se consideran dignos de amor. Puedes trabajar para liberar esta ley oscura decidiendo quererte a ti mismo y hablándote con amabilidad, mientras les ofreces el mismo regalo a tus propios hijos y nietos.

Nunca se puede confiar en las personas. Esta ley oscura puede aparecer cuando un adulto en el que buscas tu propia supervivencia traiciona tu confianza una y otra vez. Esto puede provocar incomodidad social, dificultades con las relaciones, soledad y aislamiento. ¿Tus familiares muestran patrones de sospecha y evitación? ¿Alguno de tus padres, o ambos, te aconsejaron que sólo confiaras en ti mismo, porque nunca puedes estar seguro de que nadie vaya a dar la cara por ti? Si te encuentras con casos relevantes de traición al hacer un balance de tu árbol genealógico, esta ley oscura puede estar operando en tu ascendencia. Puedes trabajar para liberarla prestando atención a cómo las personas de tu vida han sido dignas de confianza.

Me abandonarán y me tendré que buscar la vida yo solo. Si tu madre, padre u otro cuidador te abandonó a una edad temprana, puedes haber asumido que te abandonarán, o tal vez abandones a otros como un mecanismo de autoprotección. El abandono también puede tomar formas «más leves», como que te envíen a un internado, a vivir con familiares o simplemente que te dejen solo para lidiar con problemas que eran demasiado grandes para afrontarlos sin la ayuda de adultos amorosos. ¿Tu árbol genealógico revela casos de abandono? ¿Tus familiares muestran una autosuficiencia extrema o incluso un miedo a confiar demasiado en los demás? ¿Los miembros de tu familia tienen dificultades para comprometerse de por vida con los demás y respetar esos compromisos? Si es así, el miedo al abandono puede ser tu ley oscura. Puedes trabajar para liberarla prestando atención al hecho de que ahora eres competente y capaz de navegar por el mundo como adulto, y realizando prácticas de sanación que incluyan a los antepasados que te abandonaron.

La vida no merece la pena. La esperanza es una cualidad que te ayuda a superar los períodos oscuros de tu vida. Si un trauma temprano te hace sentir desesperanzado e impotente, puede conducir a una depresión crónica, pensamientos suicidas o conductas de autolesión. Si el sufrimiento fue tu experiencia principal durante la infancia, puedes llegar a la conclusión de que simplemente no vale la pena el esfuerzo de seguir adelante. Una de mis pacientes recuerda que su madre le dijo en repetidas ocasiones que deseaba que no hubiera nacido nunca. Es fácil ver cómo ella interiorizó esta ley oscura a consecuencia de ello. Si tienes muchos familiares que se vieron obligados a enfrentarse a situaciones desesperadas como guerras, hambrunas o campos de concentración, o parientes que sufrieron graves abusos de sus padres o cuidadores, estos patrones ancestrales pueden necesitar una sanación urgente. Liberar esta ley oscura puede requerir un duelo prolongado, así como buscar intencionalmente momentos de amor, alegría y conexión con los demás.

MI LEY OSCURA

Mi propia ley oscura es: «No quiero ser un problema». Su corolario es: «No tengo ni el más mínimo efecto en los demás».

En mis esfuerzos por evitar ser un problema, tiendo a ocultar aquellos aspectos de mí mismo sobre los que siento vergüenza. De niño, era callado y tímido. Siempre me consideré un niño raro, diferente al resto de mi familia, así como de mis compañeros de clase y amigos. Pero ahora entiendo mi naturaleza obsesivo-compulsiva y las adicciones en las que incurrí cuando era joven, como fumar hasta dos paquetes de cigarrillos al día. Éste no era sino un medio para tratar de aplacar a los demonios dentro de mí en lugar de enfrentarme a ellos.

A lo largo de los años, descubrí y curé mis heridas buscando continuamente respuestas a través de psicoterapia, terapia grupal y talleres. Por fin, descubrí mi camino espiritual a través del chamanismo. Gracias a mi trabajo de sanación ancestral, me di cuenta de que la misma ley oscura que me estaba afectando se hallaba entretejida en todo mi árbol genealógico, e incluso mi padre y mi abuelo mostraban muchos de los mismos rasgos. Esta comprensión fue fundamental, ya que me ayudó a entender que esta ley no era exclusiva de mí. Era un patrón con una larga historia que había afectado a muchos de los que vinieron antes que yo. Sabiéndolo, me sentí aún más inspirado para sanar.

Aunque todavía está al acecho en las sombras asomando por una esquina, esta vieja y dura ley oscura ya no me domina. Acepto que algunas personas pueden verme como un problema en ciertos momentos, pero ya no me permito considerarlo una carga. Además, me doy cuenta de que, a través de mis escritos, talleres y sesiones de sanación, he ejercido una influencia positiva en la vida de miles de personas. El que habla no es el ego, sino una aceptación que se opone a esa creencia anteriormente arraigada y del mundo que había construido para demostrar que mi ley oscura era correcta. Al sanar este rasgo destructivo en mí, sé que las generaciones futuras de mi familia tendrán menos probabilidades de sentir su presencia en sus propias vidas.

Los siguientes tres ejercicios pueden ayudarte a identificar y liberar tu propia ley oscura.

Ejercicio: Descubrir tu ley oscura

Puedes descubrir tu propia ley oscura escribiendo las respuestas a cada una de estas preguntas:

- ¿Te identificas con alguno de los ejemplos enumerados anteriormente? Si es así, ¿cuál(es)?
- ¿Recuerdas alguna experiencia traumática temprana que pueda haber provocado una creencia base contraproducente? Describe esas experiencias y cualquier conclusión sobre la vida que hayas sacado de ellas.
- Pregunta a uno o dos de tus amigos o familiares más cercanos si ven en ti algún comportamiento de autosabotaje. Sus respuestas pueden darte pistas sobre tu ley oscura.

Una vez que tengas una idea de cuál es tu ley oscura, escríbela en una página de tu diario. Durante las próximas tres semanas, dedícate a observar tus pensamientos, sentimientos y comportamientos en relación con esta creencia negativa. ¿Cómo ha afectado a tu vida esta creencia? ¿Quién serías sin ella?

Ejercicio: Crear afirmaciones sanadoras

Una técnica muy efectiva para confrontar y deconstruir una ley oscura es el uso de afirmaciones que contradigan directamente esa creencia negativa. Por ejemplo, mi creencia «No tengo ningún efecto en los demás» puede ser contradicha por la afirmación «Yo, Steven, tengo un efecto poderoso en los demás». O «Yo, Steven, tengo una fuerte presencia con los demás». Otra afirmación con la que he trabajado eficazmente en el pasado es «Yo, Steven, soy un hombre poderoso y amoroso». Al repetir estas afirmaciones día tras día, fui erosionando poco a poco mi ley oscura y le arrebaté su poder.

Éstos son algunos consejos para crear afirmaciones efectivas que pueden ayudarte a liberar tu ley oscura:

- Redactar una o dos afirmaciones que contradigan la creencia base negativa. Por ejemplo, si tu ley oscura es «No vale la pena intentarlo», elabora una afirmación como «Mis esfuerzos siempre valen la pena».
- Incorpora siempre tu nombre en las afirmaciones. Por ejemplo: «Yo, ____(tu nombre), ________(afirmación)».
- Una vez que te hayas decidido por una afirmación, repítela de diez a doce veces, dos veces al día.
- Haz una pausa después de cada repetición y observa cualquier pensamiento, sentimiento o comportamiento que surja como reacción a ella. Si es una afirmación efectiva, sentirás una reacción a ella. Sólo observa esto sin vergüenza ni juicio, respira y repite la afirmación nuevamente.

Reitera este proceso todos los días durante veintiún días y observa lo que sucede. Puede suponer un paso significativo hacia la liberación de tu ley oscura. Asegúrate de anotar tus comentarios en tu diario.

Ejercicio: Cambiar el filtro

Una ley oscura hace que veas el mundo a través de un filtro, distinguiendo sólo lo que éste te permite ver. Por ejemplo, si tu creencia negativa se refiere al abandono, es posible que prestes atención de manera selectiva a los casos de personas que parecen decepcionarte, mientras que ignoras todas las veces que te han ayudado. Si se trata de que es inútil intentarlo, puedes pasar horas rumiando sobre todas las veces que tus esfuerzos fueron en vano, mientras ignoras todas las veces que tu arduo trabajo dio sus frutos. Para luchar contra esta tendencia, intenta cambiar el filtro a través del cual ves el mundo.

Comienza por escribir tu ley oscura como una afirmación, por ejemplo: «Todos mis esfuerzos son en vano». Luego haz una lista de todas las veces que esta afirmación no fue cierta. Por ejemplo, es probable que en algún momento estudiaras para un examen y obtuvieras una buena calificación. O tal vez lograste arreglar tu automóvil después de horas de trabajo, o te ganaste a un vecino malhumorado con actos de amabilidad y generosidad.

Añade casos a esta lista cada vez que adviertas un aspecto de tu vida que contrarreste tu ley oscura y registra tus impresiones en tu diario.

Capítulo 4

Reescribir historias ancestrales

En mi libro *Sacred Ceremony*, conté la historia de cómo cuando mi madre murió, mi padre llevó sus cenizas a nuestra ciudad natal. Cuando regresó, se quedó alrededor de un año y regaló muchas de sus pertenencias. Luego volvió a nuestra ciudad natal con lo que le quedaba y murió tres semanas después; la causa fue un corazón roto, estoy seguro, aunque en el certificado de defunción constaba otra cosa.

Tres años después de su muerte, fui a la tumba de mi padre y tuve una conversación con él. En realidad, fue una especie de conversación unilateral, ya que invoqué a su espíritu y luego me quedé escuchando. Era la primera vez que intentaba ponerme en contacto con mis padres desde su muerte. Sentado junto a su tumba con las lágrimas asomando en las comisuras de los ojos, sentí su presencia con gran intensidad.

Mi padre era un hombre tranquilo y sensible por dentro, pero con un exterior áspero que provenía en parte de trabajar en la construcción toda su vida y conducir máquinas pesadas como excavadoras. Además, era alcohólico. A menudo, cuando llegaba a casa del bar, mi madre le regañaba por haber bebido. Mi padre se ponía agresivo; mi madre se enfadaba. Y entonces empezaban las peleas. Se querían mucho, pero esa parte de su matrimonio era destructiva para todos.

Durante muchos años después de irme de casa estuve convencido de que mis hermanastros y hermanastras no tenían en gran estima a mi padre, su padrastro. Supuse que lo más probable era que sintieran que se había entrometido en sus vidas y que les molestase su consumo excesivo de alcohol. Asumí que les disgustaba profundamente y lo culpaban por las peleas y la infelicidad que éstas causaban. Al menos, ésa era la historia que había escrito sobre sus sentimientos hacia él.

Hasta que, en una reunión familiar que tuvo lugar poco antes de visitar la tumba de mi padre, decidí sondear a mis hermanos para saber cuál era su opinión sobre mi padre. Primero me acerqué a mi hermana y le pregunté qué pensaba de él, diciendo: «Apuesto a que pensabas que era un verdadero tirano». Su respuesta inmediata me hizo tambalear. «¡No, para nada!», me dijo. «Era un buen hombre, un santo por aguantar a nuestra madre todos esos años». A medida que seguimos hablando de sus recuerdos, se hizo evidente que tenía algunas heridas profundas de su relación con nuestra madre, pero habló muy bien de mi padre.

A continuación, le pregunté a mi hermano mayor qué pensaba y obtuve una respuesta similar: mi padre había sido muy bueno con ellos. Mi hermano menor estuvo de acuerdo en que nos había cuidado bien a todos y que era un hombre trabajador.

Después de hablar con mis hermanos, tuve que revisar por completo la historia que me había estado contando durante tantos años. Cuanto más cuestionaba las conclusiones que había sacado, más apreciaba a mi padre por haberse casado con una mujer con tres hijos y haberlos acogido como propios. Recordé que me había dicho más de una vez que había intentado tratarnos a los cuatro por igual, a pesar de que yo era su única descendencia biológica. Y luego me di cuenta de que estaba reproduciendo ese patrón ancestral en mi propia vida. Yo también me había casado con una mujer que tenía dos hijos de otro padre.

Mientras estaba sentado junto a la tumba de mi padre, pude escucharlo y experimentarlo realmente, en lugar de la historia sobre él que yo me había estado repitiendo. Sentí una profunda gratitud por las cualidades positivas que había ignorado al fijarme sólo en los aspectos difíciles de su personalidad. Lo más importante es que logré verlo como una persona completa, alguien que había llevado a cabo acciones positivas y negativas en la vida.

APRECIAR LOS RASGOS POSITIVOS

Todos nos contamos historias sobre nuestros padres, abuelos y otros parientes. «Mi madre era muy nerviosa y controladora». «Mi abuelo nunca le dijo "te quiero" a nadie». Con el tiempo, comenzamos a confundir estas historias con toda la verdad de quiénes son o fueron esas personas. Nos limitamos a ver la ley oscura y las formas en que configuró nuestra línea familiar. Sin embargo, la otra cara de identificar la ley oscura de tu familia es apreciar las buenas cualidades de tus antepasados que puedes haber obviado, minimizado o infravalorado, y ver sus acciones en contexto.

Por ejemplo, tal vez sea cierto que tu madre estaba muy nerviosa, pero era debido a que estaba constantemente tratando de protegerse a sí misma y a sus hijos de una pareja abusadora. Dedica un momento a considerar los numerosos beneficios que sacaste de su recelo, en lugar de pensar sólo en los daños que causaron sus cualidades negativas. Tal vez tu abuelo nunca dijo «te quiero», pero recuerda que trabajaba en una mina de carbón todos los días para que sus hijos pudieran ir a la escuela, y llevaba su salario a casa para dárselo a la familia en lugar de gastárselo en beber con otros mineros en un bar.

A menudo, las mismas personas que consideramos villanos han hecho enormes sacrificios que pasan desapercibidos. Esto no quiere decir que las buenas acciones y los sacrificios excusen malos comportamientos como el abuso. Pero cuando te tomas un poco de tiempo para apreciar los rasgos positivos de tus antepasados, puedes llegar a entenderlos mejor y verlos con mayor compasión. Desde mi conversación con mis hermanos, cada vez que me pongo en contacto con uno de mis padres, la experiencia es sanadora, tanto para ellos como para mí.

Al buscar y honrar las cualidades positivas de tus antepasados, puedes hacer que las historias que cuentes sobre ellos sean más matizadas. Esto podría ayudar a sanar su legado en tu propia vida. Los siguientes cuatro ejercicios te dan la oportunidad de reescribir las historias que cuentas sobre aquellos que han fallecido, y llevar esa nueva historia a las generaciones venideras.

Ejercicio: Descubrir tus titulares

Cuando la gente te pregunta sobre tu familia, ¿cuáles son los «titulares» que utilizas para resumir el carácter de cada padre o pariente? Por ejemplo: «Mi madre era una adicta al trabajo» o «Mi hermana siempre me odiaba» o «Mi padre escapaba al mundo de la fantasía cada vez que podía».

Elige una fotografía de tus padres, hermanos y cualquier otro pariente o antepasado con el que quieras trabajar. Mientras miras a cada uno, piensa en qué titular tienes asignado a esa persona y mantenlo en mente. Observa las emociones y sensaciones físicas que surgen cuando miras a esta persona a través de la lente que has elegido.

Cuando hayas repasado toda la serie de fotos, vuelve a empezar por el principio. Esta vez, finge que estás viendo fotos de extraños, personas que nunca has visto antes. ¿Cómo cambian tus emociones y sensaciones físicas cuando miras las fotos esta vez? ¿Tu postura se suaviza? ¿Sientes curiosidad en lugar de juicio? ¿Surgen recuerdos que contradicen tu titular original? ¿Puedes ver destellos de rasgos positivos en estas personas que no podías ver antes? Registra tus impresiones en tu diario.

Ejercicio: Recopilar nuevas perspectivas

Los titulares de mi padre cambiaron de manera drástica después de pedirles a mis hermanos que compartieran sus recuerdos y opiniones conmigo. Sus respuestas me dieron una perspectiva completamente nueva sobre él. Este ejercicio puede ayudarte a cambiar el filtro a través del cual ves a un pariente o antepasado para el que has escrito un titular negativo o en gran parte negativo, y desarrollar una nueva historia que incluya sus rasgos positivos.

Comienza haciendo una lista de personas a las que puedes preguntar sobre tus parientes: hermanos, tías y tíos, antiguos vecinos, compañeros de trabajo, exparejas, maestros o cualquier otra persona que conociera bien a tu familiar o interactuara con ellos. Luego, ponte en contacto con estas personas y pregúntales si estarían dispuestos a compartir sus recuerdos y darte una idea de la vida y la personalidad de ese familiar. Estas conversaciones pueden tener lugar en persona, por teléfono, por videoconferencia o incluso por correo electrónico.

¿Qué aprendes de estas nuevas perspectivas? ¿Parte de la información que recibes contradice tu titular sobre esa persona o lo confirma en general? ¿Descubres cosas que quizás no habías sabido de otra manera? ¿Entiendes un poco mejor el comportamiento de tu familiar, incluso si todavía no estás de acuerdo con él? Anota tus pensamientos en tu diario.

Ejercicio: Actualizar tus titulares

Las historias que nos contamos sobre nosotros mismos y nuestros antepasados son como hechizos. Favorecen que ciertas verdades florezcan y persistan, mientras que coartan otras. Pero una vez que hayas identificado los titulares que utilizas para describir a tus familiares y hayas reunido nuevas perspectivas sobre ellos, puedes escribir nuevos titulares y actualizar las historias que cuentas de ellos.

Escribe el viejo titular que tengas para cada familiar con el que estés trabajando. Luego escribe un nuevo titular que refleje las nuevas perspectivas que has ido recopilando. Por ejemplo: «Mi padre era alcohólico, pero era un hombre extremadamente leal que se esforzaba por ser justo» o «A mi madre le costaba ser cálida y cariñosa, pero nos brindó su apoyo de maneras que no siempre supimos apreciar o reconocer».

La próxima vez que alguien nuevo te pregunte sobre tu familia, asegúrate de compartir este titular actualizado. ¿Qué se siente al hablar de tus padres u otros antepasados de una manera nueva? Reflexiona sobre esos sentimientos en tu diario.

Ejercicio: Escribir futuros titulares

Este ejercicio te anima a contemplar los titulares que algún día escribirán sobre ti tus familiares y descendientes. Cuando imaginas a tus hijos, sobrinos y nietos hablando con sus amigos sobre ti, ¿qué crees que dirán? Escribe cualquier frase u oración que te venga a la mente.

¿Cómo te sientes cuando miras esta lista? ¿Sientes una punzada de tristeza o arrepentimiento, o un rubor de orgullo y satisfacción? ¿Hay algo en esta lista que te gustaría cambiar?

Ahora escribe cuáles son tus titulares ideales, las cosas que *quieres* que la gente diga sobre ti después de que te hayas ido, o incluso mientras todavía estás en la Tierra. Por ejemplo: «Nunca dejó de ser amable aunque estuviera muy ocupada» o «Siempre puso la verdad y la justicia por encima del beneficio personal».

Elige el titular que más te gustaría tener como legado. Escríbelo en una tarjeta pequeña y fíjalo en un lugar donde lo veas a menudo, o llévalo en el bolsillo y míralo con frecuencia. Recuerda que, mientras estés vivo, nunca es demasiado tarde para escribir un nuevo titular para ti mismo.

Capítulo 5

Mensajes de tus antepasados

En la segunda parte de este libro, presento una amplia gama de prácticas para interactuar con tus antepasados, sin importar cuánto tiempo haga que fallecieron. Pero para que puedas sacar el máximo provecho de estas prácticas, debes aprender cómo son los mensajes que recibimos de nuestros antepasados y las variadas formas que pueden tomar.

Cuando piensas en mensajes espirituales, puedes imaginarte sucesos extraordinarios, como cuando Dios le entregó las tablas a Moisés. Pero la verdad es que los mensajes de los espíritus son mucho más comunes y ordinarios de lo que a la mayoría de nosotros se nos ha hecho creer. La gran mayoría de los que han sufrido una pérdida personal sienten que la aparición de un determinado pájaro, una mariposa o un arcoíris puede indicar que el espíritu de su ser querido está cerca. Para ellos, estos elementos del mundo natural son mensajes espirituales. Escuchar una determinada canción en la radio también puede ser un mensaje espiritual si la canción tiene significado para ti. También ver un anuncio, recibir un correo electrónico con un asunto específico o mantener una breve conversación con un extraño. Lo que hace que algo sea un mensaje espiritual es su relevancia personal: la relación que tiene con una pregunta a la que has estado dando vueltas o una respuesta que has estado buscando.

Cuanto más te abras a recibir estos mensajes, más te darás cuenta de que están a tu alrededor, todo el tiempo. El universo siempre te está hablando a través de innumerables canales. Tus antepasados pueden usar cualquier canal que tengan a su disposición para comunicarse contigo, ya sea a través de sueños, visiones, símbolos, coincidencias o instancias de aparente «suerte». Dependiendo de tu propensión particular, puedes sintonizar un canal con mayor facilidad que otros o puedes recibir mensajes a través de una variedad de canales.

SINTONIZAR

En esencia, hay cuatro canales a través de los cuales recibimos información tanto del mundo físico como del mundo del espíritu: clarividencia (visión clara), clariaudiencia (audición clara), clarisentiencia (percepción clara) y claricognición (pensamiento claro). Cuando intentas ponerte en contacto con tus antepasados a través del espacio y el tiempo, te das cuenta rápidamente de que recibes mensajes a través de algunos de estos canales más fácil que de otros. Por ejemplo, hay personas que son muy buenas visualizando y tienden a recibir mensajes espirituales en forma de visiones o imágenes, mientras que otras están dotadas para la metáfora y tienden a recibirlos en forma de símbolos o signos.

La mayoría de la gente tiende a sintonizar principalmente uno o dos de estos canales, mientras que usan los otros sólo en raras ocasiones o nunca. Dado que trabajarás con los antepasados a través de tus sentidos habituales, lo mejor es comunicarte con ellos de la manera más cómoda y natural para ti. Veamos con más detalle cada uno de estos canales.

Clarividencia

La clarividencia es la capacidad de ver las cosas con claridad. Cuando cierras los ojos, ¿eres capaz de evocar imágenes fácilmente? Si es así, es más probable que recibas mensajes visuales. Los antepasados pueden aparecérsete de manera más vívida que a los demás. Las personas que son más visuales a menudo afirman haber visto apariciones como imágenes holográficas muy tenues. Al mirar una foto de tu abuelo, puedes percibir una imagen sutil de él justo al lado de la foto. Quizá haga algún tipo de gesto en un intento de comunicarse contigo. Por ejemplo, puede señalar una foto de tu hija y, cuando dirijas tu atención a ella, puede ser que sonría, como si dijera: «Estoy cuidando de ella».

Si el canal visual es uno de tus puntos fuertes, también es más probable que recibas mensajes en forma de imágenes recurrentes que ves en tu entorno. Por ejemplo, imagina que has estado considerando peregrinar al monte Shasta en el norte de California porque has oído decir que es muy especial y sagrado. Mientras lo piensas, ves un refresco de Shasta

Cola en el estante del supermercado. Ese mismo día, vas a una librería con un amigo y hay un cartel con una imagen del monte Shasta. Luego vas a cenar y hay un cuadro de una montaña en la pared y tu amigo comenta que se parece al monte Shasta. Si estás sintonizado con los mensajes espirituales, ¡sabrás que es hora de hacer las maletas y prepararte para tu peregrinación!

Clariaudiencia

La clariaudiencia es la capacidad de oír las cosas con claridad. Si eres una persona con un sentido del oído bien desarrollado y una marcada capacidad para escuchar, puedes recibir mensajes espirituales en forma de palabras pronunciadas por tu voz interior, lo que a veces llamo «susurros al oído». Por ejemplo, mientras limpias la casa de tu bisabuela después de su fallecimiento, podrías oír una voz que te diga que mires debajo de la cama, y al mirar allí encuentres una caja de cartas escondida.

Al igual que con el canal visual, también puedes recibir mensajes auditivos a través de sonidos y conversaciones en tu entorno externo. Por ejemplo, supongamos que recibo un correo electrónico de alguien que conozco en Australia. Luego, cuando estoy en un centro comercial, oigo a alguien hablar sobre Australia. Más tarde, enciendo la radio y suena una canción interpretada por una banda australiana. Aunque puede que no esté del todo seguro de lo que significan estos mensajes, este patrón es suficiente para hacerme prestar más atención. Así que empiezo a preguntarme: ¿Tal vez debo ir a Australia? ¿O escribir sobre Australia? ¿O contactar a alguien que conozco allí? El significado se aclarará a medida que recibas más señales.

Clarisentiencia

La clarisentiencia es la capacidad de percibir las cosas con claridad. Cuando recibes información de los espíritus por esta vía, tomas conciencia de las sensaciones que hay en tu cuerpo y de las emociones correspondientes que surgen. Las personas que reciben mensajes espirituales de esta manera lo describen como tener la sensación de algo. Estas sensaciones indican que algo está sucediendo en un plano instintivo, una especie de resonancia física o congruencia vibratoria con los mensajes que tus antepasados están tratando de comunicar.

Los mensajes clarisentientes pueden tomar la forma de sensaciones o emociones, o una combinación de ambas. Puedes sentir un aroma que no tiene una fuente reconocible en tu entorno físico, tal vez una fragancia que usaba tu abuela que indica su presencia. Puede que después aparezca una imagen o que oigas algo en tu voz interior desencadenado por la presencia de este antepasado. O puede que sólo tengas un fuerte sentimiento sobre algo. Por ejemplo, cuando siento el espíritu de mi hermano, experimento sentimientos de alegría y tristeza a la vez que las lágrimas brotan y se me dibuja una sonrisa en la cara. Si detecto un olor a tabaco, aunque no haya nadie cerca fumando, esto me dice que mi hermano, que fue fumador toda la vida, está conmigo.

Así es como la gran mayoría de la gente percibe los mensajes espirituales. Hace poco, mi hermana perdió a su marido tras una larga enfermedad. Aunque ella no suele adentrarse en el reino psíquico, aproximadamente un año después de su muerte le pregunté si alguna vez le parecía que su marido aún estaba cerca de alguna manera. Sin dudarlo, dijo: «¡Por supuesto!». Entonces le pregunté cómo lo sabía. ¿Lo había visto? ¿Oído? ¿Sentido? ¿O sólo sabía que estaba con ella? Y ella respondió: «Puedo sentirlo aquí».

Claricognición

«No sé cómo lo supe, simplemente lo supe». Ésta es una afirmación común de aquellos cuyo canal principal para recibir mensajes espirituales es la claricognición, a veces llamada inspiración, intuición o perspicacia. Las personas que son más analíticas tienen más probabilidades de recibir mensajes de espíritus por esta vía.

A veces, pueden ocurrir revelaciones significativas durante la meditación, por ejemplo, encontrar una resolución creativa para un patrón ancestral que has estado tratando de soltar. Me lo imagino como una descarga de información y mensajes de los antepasados. Cuando esto ocurre, no siempre resulta evidente que tus antepasados son la fuente. De hecho, ¡a menudo atribuimos estas ideas a nuestra propia brillantez!

INTERFERENCIA ATMOSFÉRICA

Hay cuatro condiciones que pueden interferir con tu capacidad para recibir mensajes espirituales, ya sea bloqueándolos o distorsionándolos. Este tipo de «interferencia atmosférica» puede hacer que sea más difícil discernir si estos mensajes provienen de tus antepasados o si están siendo generados por tu propio ego. Estas cuatro condiciones son el duelo, el dolor, la autocompasión y la ira y el reproche. Si estás lidiando con una o más de estas condiciones, no te preocupes. Todos lidiamos con ellas de vez en cuando. Pero tomar conciencia de ellas puede ayudarte a reconocerlas antes y tomar medidas para liberarlas poco a poco. Veamos los efectos que puede tener cada una de estas condiciones y cómo puedes mantener tus canales libres de interferencias para que los mensajes espirituales puedan llegar.

Duelo

Cuando perdemos a alguien o algo especial para nosotros, suele desencadenarse un proceso de duelo, una respuesta natural y muy humana a la pérdida. Cuando estás en las profundidades del proceso de duelo, puedes olvidar más fácilmente tu relación con el mundo de los espíritus, o incluso negar esa relación porque te sientes herido y abandonado. Si tu mente está invadida por las etapas de negación, ira, negociación o tristeza del duelo, puedes experimentar una confusión y una falta de claridad que hacen que resulte difícil percibir los mensajes espirituales. Pero permanecer abierto a estos mensajes a pesar de las interferencias, y especialmente al apoyo y la orientación de tus antepasados, puede ayudarte a atravesar este momento difícil. Sin embargo, se necesita trabajo e intencionalidad para recuperar ese estado de apertura.

Dolor

Cuando duele, duele. Y cuanto más intenso es el dolor, más duele. No importa si es dolor físico, emocional o mental; todos se mezclan de igual modo. El dolor puede absorber toda tu atención y energía, haciendo que te resulte casi imposible recibir los mensajes espirituales que te están llegando.

El primer paso para contrarrestar este tipo de interferencia es tomar las medidas adecuadas para aliviar el dolor: masajes, yoga, ejercicio, terapia, medicamentos o algún tipo de tratamiento médico. Una vez que hayas hecho lo posible para aliviar el dolor de una manera saludable, toma la decisión consciente de permanecer abierto a los mensajes espirituales, incluso mientras experimentes dolor. Intenta repetir una afirmación como: «Aunque siento dolor, sigo abierto a recibir mensajes de lo Divino» o «Incluso mientras experimento este dolor, sé que mis antepasados me están guiando y apoyando».

Autocompasión

La autocompasión, como el dolor, puede absorber toda tu atención. Cuando experimentas autocompasión, es posible que tu mente esté llena de historias sobre cómo te han herido o agraviado. Puedes rumiar incansablemente sobre las razones por que la vida es injusta, mientras pasas por alto los muchos dones y bendiciones que te han sido concedidos.

Una vez, me estaba quedando atrás en una clase de ejercicios muy intensa. Confieso que había comenzado a sentir lástima por mí mismo, pero entonces oí al entrenador decir: «¡Te apuntaste voluntariamente, Farmer!». Y me di cuenta de que tenía razón. Cambió toda mi perspectiva y todo mi entrenamiento. «¡Te apuntaste voluntariamente!» es en última instancia un buen recordatorio de que, desde la perspectiva de tu alma, tomaste la decisión de encarnarte en esta familia en esta vida, y parte del trato es pasar por este tipo de lecciones del alma y abordar tus patrones ancestrales. Puedes superar este tipo de interferencia afirmando que tú decidiste estar aquí y que estás dispuesto a aprender.

Ira y reproche

Es muy humano enfadarse como reacción a una herida o decepción inesperada. La forma en que lidias con esa ira está fuertemente influenciada por tus patrones ancestrales. Aferrarse a la energía de la ira, y en especial del reproche, puede bloquear por completo cualquier conexión con el mundo del espíritu y ciertamente interferir con cualquier comunicación con tus antepasados.

El reproche está relacionado con la autocompasión en la medida en que mantiene tu atención en lo que *no debería* haber sucedido, en lugar de en lo que quieres crear en tu vida. Cuando culpas airadamente a los demás por los errores que han cometido, te encuentras en un estado de cerrazón en el que es poco probable que oigas los susurros de tus antepasados y no puedes sentir curiosidad, asombro o reverencia. Puedes contrarrestar este tipo de interferencia con una afirmación como: «Aunque no estoy contento con las cosas que hizo esta persona, confío en que el universo tenga un plan para esa persona tal como lo tiene para mí» o «Confío en que bendiciones inesperadas fluyen hacia mí, incluso cuando me siento herido o decepcionado por este giro temporal de los acontecimientos».

Declaraciones como éstas pueden devolverte a una mentalidad abierta y curiosa en la que es posible percibir con mayor facilidad los mensajes espirituales. Los siguientes dos ejercicios también pueden ayudar.

Ejercicio: Encontrar tu canal

Este ejercicio te ayudará a detectar cuál es tu canal perceptivo más fuerte para recibir mensajes espirituales: ver, oír, sentir o intuir. Para la mayoría de nosotros, es muy probable que nuestra modalidad predominante de percibir el mundo cotidiano sea también la principal forma en que conectamos con el mundo espiritual.

Durante los próximos días, simplemente observa cómo tomas las decisiones más simples en la realidad ordinaria. ¿Cuáles son las consideraciones más importantes sobre el lugar donde vives? ¿Cómo compras cosas? ¿Cómo decides qué ponerte? ¿Las consideraciones visuales están en la parte superior de tu lista o prestas más atención al sonido? ¿Confías en un «sentimiento» para tomar tu decisión, o analizas las situaciones y las piensas?

Si aún no estás seguro, considera cómo respondes cuando alguien te hace una pregunta. Si miras hacia arriba o hacia adelante mientras respondes, estás más orientado visualmente. Si miras a ambos lados, es más probable que utilices tu audición para percibir mensajes. Si miras hacia abajo, es más probable que captes información a través de tu cuerpo y tus sentidos.

Estas reglas no son estrictas. Quizá descubras que asimilas información de una o de todas estas maneras. Y ciertamente, cuanto más practiques prestar atención a los mensajes potenciales de tus antepasados, más flexible será tu capacidad para sintonizar con estos mensajes.

Ejercicio: Resolución de interferencias

Esta práctica te ayudará a resolver poco a poco las condiciones que pueden estar interfiriendo con tu capacidad para sintonizar con los mensajes espirituales, ya tomen la forma de duelo, dolor, autocompasión o ira y reproche.

Primero, identifica cuál de las cuatro afecciones estás experimentando. A continuación, recuerda que tus antepasados también experimentaron duelo, dolor, autocompasión e ira de vez en cuando. Permítete sentir profundamente tu linaje, fijándote en cómo estas experiencias humanas universales están presentes en la vida de tus antepasados. Permítete sentir compasión por los antepasados que sufrieron tal como tú estás sufriendo ahora.

Di: «Que la habilidad y la compasión con las que sostengo este sufrimiento viajen por mi linaje familiar para sanar a mis antepasados», luego imagina que estás sosteniendo literalmente su sufrimiento en tus brazos, cuidándolo bien y ayudándolo a sanar. Ten por seguro que el trabajo que estás haciendo está beneficiando tanto a tus antepasados como a las generaciones venideras.

SEGUNDA PARTE

Cómo sanar patrones familiares ancestrales

Capítulo 6

Canalizar el perdón

Una de las sanaciones más poderosas que podemos experimentar tiene lugar cuando perdonamos a un antepasado por habernos hecho daño de alguna manera. Mientras sigamos sintiendo ira, dolor, miedo o venganza hacia un antepasado, estamos viviendo con un «veneno del alma» que puede tener efectos perjudiciales no sólo en nosotros, sino también en los demás. Perdonar de verdad a alguien es una tremenda liberación que abre la puerta a un estado de libertad previamente desconocido. Perdonar a nuestros antepasados también los libera a ellos para que continúen su viaje en el más allá.

Dado que muchos de nosotros nos sentimos atraídos por el trabajo de sanación ancestral a partir del deseo de perdonar a alguien que nos ha herido, puede sorprendernos saber que a menudo tenemos que perdonarnos a nosotros mismos antes de poder perdonar verdaderamente a los demás. De hecho, el concepto de perdonarnos a nosotros mismos puede parecer contradictorio o incluso ofensivo. «¿Perdonarme por qué?», podemos preguntar. Sin embargo, muchos de nosotros nos culpamos a nosotros mismos por los males que nos hicieron. De alguna manera, todavía creemos que es nuestra culpa que nos avergonzaran, castigaran o abusaran de nosotros de un modo u otro, incluso cuando sabemos, intelectualmente, que esto no puede ser cierto.

De niños, asumimos que los adultos saben lo que están haciendo, sobre todo aquellos que están a cargo de cuidarnos. Por eso, cuando los padres, abuelos u otros adultos maltratan a los niños de alguna manera, los niños inevitablemente asumen que es su culpa. A medida que crecen, esta suposición queda enterrada bajo el miedo, el dolor y la ira, de modo que, como adultos, es posible que no sean conscientes de los sentimientos de autoinculpación. En cambio, esos sentimientos se expresan a través de patrones de comportamiento polarizados, como ser demasiado agresivos o demasiado pasivos al lidiar con la vida.

El abuso sexual puede resultar especialmente confuso, porque somos seres inherentemente sexuales y sensuales creados para experimentar sensaciones placenteras cuando tocan nuestro cuerpo de cierta manera. Si te tocaron de manera sexual cuando eras niño, es posible que hayas sentido confusión y miedo, pero también puede ser que percibieras sensaciones placenteras que enterraste profundamente bajo la superficie. Es posible que te sientas avergonzado y culpable por haber «disfrutado» de la experiencia, lo que sólo aumenta la sensación de que de alguna manera fue tu culpa.

Antes de intentar perdonar a un antepasado que abusó de ti, siempre debes verificar si te culpas a ti mismo por algún aspecto de esa experiencia y perdonarte a ti mismo por eso primero. Esto allanará el camino para poder perdonar a tu antepasado de una manera auténtica, en lugar de forzarte hacia un perdón para el que no estás listo.

El verdadero perdón no puede apresurarse. Si no estás preparado para perdonar —a ti mismo o a otros— no te presiones. Confía en tu proceso y avanza sólo cuando lo consideres oportuno. Los siguientes ejercicios pueden ayudarte a explorar el proceso del perdón tanto desde tu punto de vista como del de tus antepasados. Si alguna de estas prácticas te parece demasiado intensa, no pasa absolutamente nada por dejarla para otro momento.

Ejercicio: Perdonarse a uno mismo

El perdón a uno mismo es una parte esencial de la sanación ancestral. Este ejercicio puede ayudarte a identificar cualquier sentimiento de vergüenza o culpa que puedas sentir por sucesos traumáticos de tu pasado, y a reconciliarte con los responsables de ellos.

Durante unos minutos cada día, ponte de pie y erguido frente a un espejo de cuerpo entero. Al mirar tu imagen en el espejo, observa cualquier emoción o sensación física que surja. Escanea tu cuerpo arriba y abajo un par de veces y sigue observando cómo te sientes. Asegúrate de respirar de manera constante y relajada. Observa si te tensas o si tu respiración se entrecorta. Si eso sucede, recuerda relajarte. Observa los recuerdos que se activan cuando miras tu propio reflejo.

Puedes invocar a cualquier protección que desees: guías espirituales o antepasados con los que tengas una relación de afecto. Pídeles que te proporcionen una protección de luz dorada a tu alrededor para que te sientas seguro. Confía en que te cuidarán bien. Luego llama a cualquier antepasado que te haya tratado mal y pídele que se siente a una distancia prudente, tan lejos como sea necesario para que te sientas seguro, pero dentro de tu campo visual, incluso si eso significa que aparezcan del tamaño de una pequeña mancha.

Establece contacto visual con tu reflejo y fija tu mirada en tus propios ojos. Di en voz alta a tu reflejo: «Te perdono. No fue tu culpa». Haz una pausa y observa cómo reaccionan tu mente y tu cuerpo después de hacer esta declaración. ¿Te sientes incómodo? ¿Indeciso? ¿Te ríes o te mueves inquieto? ¿Lloras o te derrumbas? Deja que su cuerpo haga los ajustes de postura o los movimientos que necesite. Cuando permites que tu cuerpo reaccione, purgas esos viejos sentimientos de culpa y vergüenza, y dejas de lado cualquier juicio que hayas hecho basándote en ellos.

Repite tu declaración de perdón de diez a doce veces, haciendo una pausa cada vez para presenciar tu reacción. Cuando sientas que has terminado, da las gracias a los antepasados a los que has invocado y cierra el ritual con cualquier gesto que te parezca significativo: inclinarte, sacudirte o dar una palmada. Registra tu experiencia en tu diario.

Ejercicio: Diálogo ancestral

Una vez que te hayas perdonado a ti mismo y hayas liberado cualquier sentimiento de culpa o vergüenza en torno a los sucesos de tu pasado, puedes ofrecer perdón a los que te provocaron daño. Coloca dos sillas una frente a la otra a una distancia cómoda. Siéntate en una de las sillas, luego cierra los ojos y da tres respiraciones profundas mientras llamas a cualquier espíritu protector o antepasado amoroso que quieras tener contigo durante el ejercicio.

Invita al antepasado que deseas perdonar a sentarse en la silla frente a ti y percibe, ve, escucha o simplemente siente su presencia. Cuando tu antepasado esté presente, comparte cómo te sientes con respecto a lo que hizo. Hazle cualquier pregunta que tengas. Di lo que quieras, pero limítate a hablar de tres a cinco minutos.

Cuando hayas terminado, ponte de pie, da tres respiraciones profundas y luego camina lentamente hacia la otra silla. Pregúntale al antepasado si puedes fusionarte con él para que ambos podáis sanar, y para que tus descendientes también puedan sanar. Si la respuesta es «sí», siéntate lentamente en la silla y cierra los ojos.

Adopta la postura de tu antepasado. ¿Cuáles son los miedos de esta persona? ¿Y las alegrías? ¿Hay tristeza? ¿Duelo? ¿Dolor? ¿Cómo se siente tu cuerpo al sintonizar con esta presencia? ¿Cómo es tener este espíritu contigo o a tu lado? ¿Es incómodo? Si la fusión con tu antepasado resulta demasiado intensa, puedes colocar una tercera silla cerca y sentarte allí.

¿Cómo percibe el «tú antepasado» al «tú físico»? ¿Está contento de verte? ¿Siente vergüenza? ¿Qué quiere esta persona que sepas o entiendas? Hablando como tu antepasado, dirígete a tu ser físico, transmitiendo lo que sea que pase. Transcurridos de tres a cinco minutos, levántate de nuevo y rompe con la energía de tu antepasado, dejándolo sentado en la silla.

Regresa a tu propia silla y dile a tu antepasado cómo te sientes. No te guardes nada. ¿Te sientes enfadado? ¿Dolido? ¿Tienes miedo? ¿Te sientes querido? ¿Respetado? Háblale como si realmente estuviera en esa silla, a través del tiempo y el espacio. Habla libremente, sabiendo que el antepasado debe escuchar, luego cambia de silla otra vez. Cuando te fusiones una vez más, permite que el antepasado responda.

Continúa este diálogo, cambiando de lugar tantas veces como desees. Despeja la energía que llevabas en cada papel antes de pasar de una silla a otra. Siempre haz una pausa entre cada intercambio, luego respira tres veces y ve a la silla opuesta.

Al final, cada silla se anclará con la energía del rol en el que te encuentras. Cuando sientas que el diálogo ha terminado, libera al antepasado, da las gracias a tus espíritus de ayuda y tómate unos minutos para escribir sobre cómo ha sido esta experiencia para ti.

Ejercicio: Transmitir el perdón

Un amigo y colega mío me enseñó el siguiente ejercicio de perdón en una entrevista personal.

Comienza pensando en un antepasado al que le guardes rencor o al que hayas juzgado, o en uno que simplemente no te cayera muy bien. Al igual que en el ejercicio anterior, coloca dos sillas una frente a la otra a una distancia cómoda, una para ti y otra para tu antepasado. Cuando estés listo, cierra los ojos y respira lenta y profundamente tres veces. Deja que tu cuerpo se relaje tanto como sea posible.

Recuerda un momento en el que experimentaste un sentimiento de perdón hacia alguien, un momento en el que pasaste de sentirte enfadado, herido, vengativo o lleno de odio a sentir compasión y quizá incluso amor hacia alguien que te había herido. Encuentra ese lugar de perdón en tu corazón y en tu mente, y especialmente en tu cuerpo. Una vez que lo hayas encontrado, ponte de pie, ve a la otra silla y ofrece ese perdón a tu antepasado de alguna manera, tal vez diciendo unas palabras, haciendo un gesto o comunicándote con él a través del sentimiento.

Siéntate en la silla de tu antepasado y permítete fusionarte con su energía. Observa cómo se siente después de que lo perdones. ¿Qué quiere decirte? ¿Qué ha cambiado en el cuerpo y la mente de tu antepasado?

Puedes optar por detenerte aquí o continuar el diálogo durante el tiempo que desees. Si continúas, es importante seguir cambiando de silla para no mezclar tu propia energía con la de tu antepasado.

Capítulo 7

Sanación de heridas y traumas

La autora y médium Hollister Rand me dijo una vez: «Cuando hacemos cambios en nuestra vida presente, afecta a todas las personas del pasado y del futuro». En otras palabras, no sólo tenemos la capacidad de sanar nuestras propias heridas, sino también las de nuestros antepasados, nuestros hijos y las generaciones venideras. Así como el batir de las alas de una mariposa puede afectar el clima en el otro lado del mundo, nuestras acciones espirituales pueden tener efectos mucho más grandes y significativos de lo que podemos imaginar.

Muchas personas hablan de una «maldición familiar» como el alcoholismo, la adicción al trabajo, el embarazo adolescente o el adulterio. Estas maldiciones pueden sentirse tan arraigadas que la mera idea de tratar de eliminarlas puede resultar desesperante. Al fin y al cabo, si tus padres, abuelos y bisabuelos pasaron por lo mismo, ¿cuáles son las probabilidades de que esa maldición pueda realmente terminar contigo? Esa desesperación puede sentirse aún más intensa cuando observas a tus propios hijos y nietos, sobrinas y sobrinos comenzar a enfrentarse con estos mismos comportamientos.

Un paciente que acudió a mí en busca de ayuda admitió que era adicto al sexo. Tenía cincuenta y cuatro años y había estado lidiando con este patrón durante toda su vida. Aunque había estado felizmente casado a los veinte años y disfrutaba de una buena vida sexual con su esposa, seguía frecuentando salones de masajes, de los que suele decirse que tienen «final feliz». Se sentía fuera de control. Después de divorciarse de su primera esposa, comenzó a salir con varias mujeres y finalmente se volvió a casar. Pero eso no le impidió tener aventuras durante los ocho años de su segundo matrimonio. Afirmó que pasaba por períodos de abstinencia, pero nunca sintió que tuviera el control por completo. Cuando acudió a mí, estaba a punto de casarse por tercera vez, estaba viendo a un terapeuta y se había inscrito en un programa de doce pasos. Parecía muy decidido a superar su adicción.

«Mi padre era igual», confesó. «Engañaba a mi madre todo el tiempo. Y ahora mi hija de veintiséis años va por el mismo camino. Ha estado en una serie de relaciones cortas y no parece poder comprometerse con nadie. Me siento fatal cuando pienso en este patrón que continúa en mi árbol genealógico: realmente querría que terminara conmigo».

Ver a tus descendientes reproducir un patrón que tú mismo has luchado por romper puede ser terrible. Sin embargo, el trabajo de sanación ancestral que llevas a cabo también puede tener un impacto positivo en sus vidas, incluso si nunca les haces saber que lo estás haciendo. Puedes enviar energía sanadora atrás en el tiempo para ayudar a los antepasados que sucumbieron a este problema, y adelante en el tiempo para ayudar a aquellos que actualmente están luchando y a los que aún están por venir. Los ejercicios que siguen pueden ayudarte con esto.

Ejercicio: Encontrar la fuente

Este ejercicio es una adaptación de otro que desarrolló David Furlong en su libro *Healing Your Ancestral Patterns*.

Comienza por colocar el árbol genealógico que dibujaste en el capítulo 1 frente a donde estás sentado. Cierra los ojos durante unos momentos y siente el ritmo de tu respiración y los latidos de tu corazón. Deja que tu respiración sea natural, pero un poco más profunda y un poco más lenta de lo habitual. Relájate y piensa en un patrón que te gustaría disolver: físico, emocional, conductual o psicológico. Mientras te sientas en silencio, invoca a cualquier antepasado amoroso que quieras que te acompañe.

Con los ojos cerrados, imagina dos sillas una al lado de la otra frente a ti, con tu madre en una y tu padre en la otra. Puedes imaginar que están sentados allí, o sentir su presencia, o simplemente saber que están contigo.

Al considerar a tu madre, ten en cuenta cualquier pensamiento o sentimiento que surja. Si puedes visualizarla, ¿qué aspecto tiene? Si ya falleció, ¿tiene la edad que tenía cuando murió? ¿O se ve más joven? Cuando sientes su presencia, ¿cómo reaccionas? ¿Hay algo que esté tratando de comunicarte en este momento? Luego pasa a tu padre y repite el mismo proceso.

Con los ojos aún cerrados, imagina una fila de cuatro sillas directamente detrás de tus padres en la que ves a tus cuatro abuelos. Incluso si no conociste a tus abuelos, trata de ver o sentir su presencia en esas sillas. Repite el mismo proceso que seguiste con tus padres. Luego imagina una tercera fila de ocho sillas detrás de tus abuelos con tus bisabuelos sentados allí. Muchos de nosotros nunca conocimos a nuestros bisabuelos, pero eso no importa. Imagina su presencia de todos modos. Detecta a qué bisabuelo sientes con más fuerza, si es que hay uno.

En estas tres filas de sillas están sentados los catorce antepasados que son tus progenitores directos. Mientras los miras, enfoca tu atención en el patrón que intentas sanar y pídele al Espíritu que identifique a la persona que sufrió con más intensidad la herida en la que estás trabajando. Una vez que hayas expresado tu solicitud, este antepasado puede ponerse de pie, o puede iluminarse con un haz de luz, o puede que se desvanezcan todos los demás excepto este antepasado.

Ejercicio: Sanar una maldición familiar

Piensa en el antepasado que identificaste en el ejercicio anterior. Cierra los ojos y ve y siente una corriente de luz y amor llenando tu ser. Una vez que te sientas completamente lleno de luz y amor, levanta ambas manos, con los dedos apuntando hacia arriba y las palmas hacia afuera. Siéntate derecho para que tu corazón esté abierto y envía el amor y la luz a tu antepasado.

Siente cómo fluye este poder desde las palmas de tus manos y desde tu corazón directamente hacia tu antepasado.

No lo dirijas a la herida; más bien, canalízalo hacia el antepasado para que lo reciba. Continúa con este proceso de tres a cinco minutos, o hasta que sientas que ya se ha completado.

Si por alguna razón sientes que tu antepasado no puede recibir tu energía sanadora, o que no puedes enviarla, revisa los ejercicios propuestos en el capítulo 6 sobre el perdón. Si todavía albergas sentimientos negativos hacia esta persona, eso obstaculizará el proceso sanador, de modo que es mejor ocuparse de esos sentimientos primero y después regresar al ejercicio y volver a intentarlo.

Cuando hayas terminado de enviar amor y luz a tu antepasado, deja las manos relajadas sobre el regazo, con las palmas hacia arriba. Observa cómo tu propia luz y amor te devuelven esta energía sanadora. Permítete simplemente recibirlo a través de tu corazón, tus manos y tu tercer ojo. Siente cómo el poder de la luz y el amor te envuelven y te llenan de forma agradable y beneficiosa.

Finalmente, libera a tu antepasado con gratitud por participar en esta sanación. Observa cualquier reacción a medida que se desvanece. Asegúrate de registrar tu experiencia en tu diario.

Ejercicio: Sanar a tus descendientes

Ahora vayamos un paso más allá y llevemos esta sanación a las generaciones futuras. Al igual que en el ejercicio anterior, llénate de amor y luz. Levanta las manos colocándolas en posición de dar, con las palmas hacia afuera y los dedos apuntando hacia arriba. Recuerda la herida que sanaste en el ejercicio anterior y visualízate enviando esa energía sanadora a tus descendientes, tanto a los que ahora viven como a los que aún están por venir. También puedes optar por enviar esta energía a tus hermanos.

Al establecer esta intención, observa cómo el poder de la luz y el amor sanadores se canaliza una vez más a través de tus manos y tu corazón. Ten en cuenta que, aparte de establecer la intención de enviar esta poderosa luz y amor a tus descendientes, no necesitas tratar de sanar esta herida en aquellos que te siguen. La energía que has enviado hará lo que sea necesario para sanarlos. Confía en que esta energía puede moverse a través del tiempo y el espacio, hacia atrás y hacia adelante.

Después de unos minutos, deja tus manos relajadas sobre tu regazo. Toma algunas respiraciones lentas y profundas, y siente que tu cuerpo libera cualquier tensión que se haya acumulado durante este proceso. Deja que descienda por tu cuerpo, a través de tus piernas y pies, y se descargue en el suelo.

Con el tiempo, quizá observes algunos cambios en tus descendientes como resultado de esta práctica. No les digas lo que has estado haciendo; sólo sé un observador paciente de cualquier cambio que pueda ocurrir. Has proporcionado una bendición, no sólo para ti, sino también para los que vinieron antes que tú y para los que aún están por venir.

CATARSIS EMOCIONAL

La sanación de heridas ancestrales a veces puede tomar la forma de catarsis emocional, una experiencia poderosa en la que sientes tu dolor profundamente y lo liberas más a fondo de lo que has sido capaz en el pasado. La catarsis a menudo ocurre en el contexto de una terapia, con el apoyo de un profesional capacitado, pero también puedes lograrlo por tu cuenta durante períodos de profunda autorreflexión, o durante o después de conversaciones significativas con amigos o familiares. Incluso si tienes una sólida comprensión intelectual de tus patrones ancestrales, puedes necesitar coraje y preparación para hacer frente a los sentimientos profundos necesarios para una verdadera catarsis.

En una conversación que tuve una vez con una conocida, surgió el tema de mi infancia. Aunque no es un tema del que suela hablar con gente que apenas conozco, la mujer en cuestión era muy intuitiva, así que me abrí a ella, contándole mi experiencia de ser el «niño invisible» de una madre que tenía sentimientos encontrados sobre ser madre. Mi tarea tácita consistía en no dar problemas y no ser visto, y me volví muy muy bueno en eso. Cuando le conté mis recuerdos de ser un niño tímido y bastante inusual, comencé a sentir una tristeza intensa y familiar que siempre surgía cuando reflexionaba sobre el hecho de que mi madre nunca me conoció por la persona que yo era.

Tras esta conversación, sentí una gran agitación y una activación emocional. Se habían despertado tantos viejos recuerdos y traumas que me sentí un poco incorpóreo y sin tierra. Cuando llegué a casa, todavía estaba en un estado de semitrance y moviéndome con mucha lentitud. Me senté a la mesa y comencé a escribir, dejando que mi mano se moviera libremente por la página sin filtro ni timidez. Mientras escribía, comencé a llorar, y al final me hundí en un sollozo profundo. Pequeños charcos de lágrimas se formaron aquí y allá sobre el papel. No me molesté en limpiarlos.

Entonces oí la voz de mi madre. Me estaba hablando con tanta claridad como si estuviera a sólo un pie de distancia. Sentí su presencia con fuerza y supe que en realidad era su espíritu desde el otro lado. Dijo: «¡Ah, Steve! ¡*Ahora* te veo! ¡Ahora lo entiendo!». Estas palabras me conmovieron tan profundamente que el dolor que había estado incrustado en mi cuerpo y mi corazón durante toda mi vida comenzó a brotar aún con más intensidad. Mis sollozos se volvieron incontrolables y oí gemidos que, aunque sabía que eran míos, parecían lejanos, como si vinieran de otro lugar.

La bendición que mi madre me proporcionó en ese momento sanó una herida profunda que se había ido cicatrizando con el paso del tiempo. Me di cuenta de que había estado reproduciendo una «herida materna» ancestral, ocultando mi verdadero yo bajo un velo de vergüenza. La experiencia de ser visto y reconocido plenamente por la mujer que me dio a luz y me nutrió durante la infancia me permitió descubrir más sobre mi funcionamiento interno, sobre mi verdadero yo. A pesar de que todavía experimentaba algunos focos de resistencia, comencé a sentirme más relajado en relación a mostrarme sin ningún disfraz.

El ejercicio siguiente puede llevarte a tu propio momento de sanación con un antepasado, allanando el camino para una profunda catarsis emocional.

Ejercicio: ¿Qué necesitas escuchar?

Piensa en un antepasado con el que tienes asuntos emocionales pendientes, por ejemplo, un padre que te decepcionó de alguna manera o cuyas acciones te causaron dolor. Pregúntate qué es lo que más necesitas oír de esta persona. Por ejemplo: «Ahora por fin puedo verte» o «Estoy orgulloso de ti» o «Lo siento y te quiero».

Luego cierra los ojos e invoca a este antepasado a tu mente. Imagínate a esa persona acercándose a ti a cualquier distancia que te parezca segura y diciéndote esas palabras con total y completa sinceridad. Permítete sentir la cascada de emociones a medida que estas palabras tan esperadas penetran en tu corazón y tu mente. Tal vez sientas la necesidad de llorar o acostarte; es posible que te entren ganas de bailar o sacudirte. Date tiempo para experimentar plenamente cualquier energía que surja en este momento, tanto si te toma unos minutos como si necesitas horas. ¿Qué se siente al oír finalmente estas palabras de tu antepasado? ¿Cómo cambiará esto tu vida, no sólo tu futuro, sino también tu pasado?

Debes saber que tu antepasado está ahora en un reino superior en el que puede ver con claridad y obtener nuevas perspectivas sobre los errores del pasado. A pesar de que llevaste a cabo este ritual en tu imaginación, debes saber que sus efectos son reales y que tu antepasado está trabajando con tu imaginación para ayudar a lograr esta curación.

Puedes repetir este ejercicio tantas veces como sea necesario, con tantos antepasados como quieras. Asegúrate siempre de registrar tus experiencias en tu diario para que puedas reflexionar sobre ellas más tarde.

SANACIÓN ENERGÉTICA

Los físicos nos dicen que todo en este planeta es energía, parte de la cual se ha manifestado como forma física. Se refieren a este fenómeno como el «campo unificado», el plano en el que todas las cosas están conectadas, sin importar dónde ocurran en el tiempo o el espacio. La existencia del campo unificado significa que nosotros, como criaturas físicas derivadas de esta energía universal, podemos conectarnos a cualquier cosa que queramos utilizando el poder de nuestra conciencia. Ésta es la razón por la que prácticas como la visualización, el viaje chamánico y la sanación energética pueden ser tan poderosas para tantas personas.

Con preparación e intención, tu conciencia puede llegar a través del campo unificado para conectarse con los antepasados, sin importar cuántos años, décadas o incluso siglos hayan pasado desde que desaparecieron de esta tierra. De hecho, la existencia de este campo energético significa que la energía de tu conciencia ya está *entrelazada* con la de ellos. Además, tú y tus antepasados estáis entrelazados en el campo más amplio de la conciencia misma, que tiene un número infinito de líneas de fuerza que van en todas direcciones en todo el universo. Como escribe la autora Judith Rich:

> A medida que te transformas, la energía de todo el linaje que te precede se transforma, porque todo está sucediendo ahora a través de ti, como tú. Tú eres quien puede sanar viejas heridas para todo tu linaje, perdonar a antiguos enemigos, cambiar el condicionamiento y las creencias, liberar

el dolor que ha mantenido cautivas a las generaciones anteriores durante siglos.

Hacer esta poderosa conexión sólo requiere tu intención enfocada y la vigilancia relajada que proviene de un estado mental más meditativo.

El beneficio de sanar cualquier herida ancestral es que también te sanarás a ti y a tus descendientes. La sanación que envías al campo unificado regresa naturalmente a ti, en un círculo virtuoso de dar y recibir. El siguiente ejercicio puede ayudarte a aprovechar este ciclo.

Ejercicio: Sanación energética ancestral

Si ya has trabajado con uno o más tipos de sanación energética, es posible que este ejercicio te resulte relativamente fácil. Si la sanación energética es nueva para ti, inténtalo con un antepasado siguiendo los pasos descritos a continuación. Como siempre, te animo a que «seas tu propio científico»: experimenta para encontrar lo que te funciona a ti.

Comienza sacando el árbol genealógico que creaste en el capítulo 1 y poniéndolo frente a ti. Toma tres respiraciones completas y profundas, luego escanea tu cuerpo y simplemente observa cualquier sensación que encuentres. Presta especial atención a la sensación de tus pies conectándose con el suelo. Eleva la caja torácica para que tu respiración pueda fluir fácilmente y sin esfuerzo, luego levanta la coronilla hacia el cielo y siente el poder de la Madre Tierra y el Padre Cielo entrando en tu cuerpo físico y llenando el cuerpo de tu alma.

Cuando estés listo, abre los ojos e invoca a cualquier antepasado que necesite sanar diciendo: «Estoy aquí para servir a cualquier sanación que sea necesaria para cualquiera de mis antepasados. Por favor, manifiéstate». Espera pacientemente unos momentos. Mira tu árbol genealógico y ve dónde aterrizan tus ojos.

Si tu modo de percepción principal es la clarisentiencia —si percibes con más facilidad a través de tus sentidos físicos—, pasa lentamente la mano un par de pulgadas por encima de tu árbol genealógico hasta que sientas qué antepasado está respondiendo a tu oferta. Esto puede manifestarse como un hormigueo, calor, frío u otra sensación en la mano que está escaneando. Si tu tendencia es más cognitiva, es posible que sepas qué antepasado está respondiendo a tu llamada. Si has copiado tu árbol genealógico en fichas, barájalas y saca una, confiando en que éste es el antepasado al que enviarás energía sanadora.

Da las gracias al antepasado con el que trabajarás por manifestarse. Imagínalo sentado o de pie frente a ti. Cierra los ojos y recuerda un momento en el que te sentiste lleno de amor y compasión: el nacimiento de un hijo, una alianza romántica o cualquier experiencia en la que sentiste una profunda compasión y amor por alguien. Observa cómo se siente tu cuerpo y, especialmente, cómo responde tu corazón.

Levanta las manos, con los dedos hacia arriba y las palmas hacia afuera, y apúntalas hacia tu antepasado. Envía energía a través de las palmas de las manos y a través de tu corazón. Permanece con las sensaciones que surgieron al recordar un momento en el que sentiste un profundo amor y compasión.

En silencio o en voz alta, repite con voz suave la frase: «Sanar, sanar, sanar». Fíjate en lo que hace tu antepasado cuando recibe tu energía amorosa. Concéntrate en el proceso sin pensar en los resultados. Sólo ve lo que ves, oye lo que oyes y siente lo que sientes. Tómate tu tiempo. Mantén esa concentración al menos de cinco a diez minutos para obtener los mejores resultados.

Una vez que te sientas satisfecho, deja las manos relajadas sobre tu regazo. Mira alrededor de la habitación, ya que esto te ayudará a salir de tu estado meditativo y te orientará de nuevo en el aquí y el ahora. Agradece a tu antepasado que haya recibido de ti este regalo de energía sanadora. Si es posible, sal al exterior y conecta con la naturaleza para ayudarte a centrarte y orientarte.

Una vez que hayas completado tu sesión de sanación, escribe sobre tu experiencia en tu diario. Observa en particular cualquier cosa que hayas descubierto sobre el antepasado a quien enviaste la energía sanadora.

Capítulo 8
Viajes chamánicos

Desde que inicié mi formación chamánica hace muchas décadas, mi principal disciplina espiritual ha sido el viaje chamánico. Los viajes chamánicos implican inducir un estado de conciencia ligeramente alterado en el que puedes conocer e interactuar con aspectos profundos de ti mismo y tu propia intuición, así como con antepasados, guías espirituales, animales poderosos y cualquier otra figura que pueda ser importante para ti. Estos viajes se han practicado en muchas culturas de todo el mundo con el fin de obtener información, lograr la sanación y ofrecer una guía a la que no siempre se puede acceder con la mente pensante ordinaria.

Muchos de estos viajes siguen un patrón básico. Los chamanes abren el espacio sagrado haciendo un gesto o una serie de gestos que indican que se están preparando para abandonar su conciencia ordinaria. Luego establecen su intención e inducen un estado de trance leve tocando tambores o sonajas. Cuando están listos, siguen una secuencia de visualización que los lleva a lo más profundo de su subconsciente. Una vez allí, pueden experimentar visiones, oír palabras o sonidos, percibir sensaciones físicas o acceder a ideas difíciles de describir o a destellos de conocimiento —los cuatro canales para recibir información que se analizan en el capítulo 5—. Pueden verse a sí mismos realizando tareas o rituales que tienen un profundo significado simbólico. Una vez que han completado el viaje, vuelven a su estado ordinario de conciencia y cierran el espacio sagrado con un gesto ritual o una serie de gestos que indican que han regresado.

Los viajes chamánicos son una excelente manera de conectarte con tus antepasados, tanto si los conocías bien cuando estaban vivos como si no. De hecho, son una excelente manera de conectar con antepasados que caminaron por la tierra mucho antes de que nacieras, y con antepasados tan antiguos que parecen pertenecer a otro nivel de existencia por completo. Para muchos, es toda una revelación el hecho de poder encontrarse con sus antepasados siempre que quieran en el profundo espacio interior de un viaje chamánico, sin importar cuánto tiempo haga que partieron de la tierra. Aunque este tipo de viaje puede parecerte extraño o desconocido al principio, pronto podría convertirse en una de tus prácticas favoritas para trabajar con patrones ancestrales.

Los mensajes que recibes durante un viaje chamánico pueden ser directos, como una declaración verbal de un antepasado, o simbólicos, y requerir que los descifres mediante la reflexión. Lo maravilloso de estos viajes es que puedes hacerlos tantas veces como quieras, volviendo a visitar a ciertos antepasados una y otra vez y estableciendo relaciones con ellos. A medida que vayas abriendo los canales de comunicación con el tiempo, los mensajes que recibas serán más fáciles de interpretar. Es posible que te sorprendas al descubrir que tus antepasados a veces tienen una energía muy diferente cuando se encuentran en un viaje chamánico que durante su vida en la tierra porque han ganado sabiduría y compasión en el más allá. Para muchos, ésta es una experiencia profundamente sanadora.

VIAJE A MI PADRE

Después de que mi padre falleciera, hice un viaje chamánico para visitar su espíritu. Cuando apareció, me puse a llorar, pensando en lo mucho que lo echaba de menos. Se acercó y comenzó a hablarme con gran amabilidad, transmitiéndome este mensaje:

> Mantén la cabeza en alto y toma conciencia de que estás en el camino correcto. Me encanta lo que estás haciendo. Me has ayudado mucho a sanar desde mi muerte. Tus lágrimas en este momento nos ayudan a todos a sanar, a mí y a muchos otros. Te afliges por nosotros, pero no tienes por qué. Estoy feliz. Si pudieras estar así de feliz, lo sabrías. No siento las cosas como tú como ser vivo. Debes saber que no estoy muerto. Vivo en tu corazón y en los corazones de otros, lo sepan o no.

Mientras escuchaba con asombro, continuó:

> Cuando estaba vivo, te quería. De verdad. Sólo que no lo demostraba. Por favor, no juzgues a nadie de nuestro linaje. Hay tantas cosas que conforman al ser humano. El alma lleva su propio destino, como sabes.

Luego me habló de su relación con sus propios padres y con la tierra. Me dio consejos sobre mi propia relación con mi esposa y sus hijos, y me instó a conectar con mi nieto pequeño, que necesitaba una fuerte influencia masculina en su vida. Y concluyó diciendo:

> Steven, eres una joya. Estás haciendo tanto por tanta gente, aunque lo subestimes. No puedo estar en tu mundo de realidad ordinaria, pero te estoy observando y cuidando de todos mis familiares. Gracias por todo lo que estás haciendo. Todos te damos las gracias.

Cuando mi padre terminó de hablar, se hizo a un lado. Detrás de él, vi a docenas de antepasados, aunque no los reconocí a todos. Mi madre dio un paso adelante. No dijo nada, sólo sonrió. Leí en sus labios las palabras «Te quiero», palabras que nunca le oí decir en vida. Finalmente, mi abuelo apareció en la luz. De todos los nietos, yo era su favorito. También me sonrió y vi un resplandor blanco a su alrededor, tal vez una señal de que estaba completando su evolución espiritual en el más allá.

Salí de esta experiencia sintiéndome aún más agradecido por mis antepasados, especialmente por mi padre. Había recibido su bendición y escuchado las palabras amables que nunca me había dicho mientras estaba en el mundo de los vivos. Era evidente que había recorrido un largo camino en la otra vida y me pareció reconfortante saber que estaba cuidando a nuestra familia. En cuanto a mi nieto, presté atención a las palabras de su bisabuelo y comencé a mantener un contacto regular con él. Pronto, esa relación se convirtió en una parte muy importante de mi vida y me sentí muy agradecido de haber seguido el consejo de mi padre.

Hollister Rand, autora de *I'm Not Dead, I'm Different*, me dijo una vez: «Creemos que construimos puentes con nuestros antepasados, pero la verdad es que ellos construyen puentes con nosotros y tratan de llegar a nosotros». Añadiría que conectarte con tus antepasados en un viaje chamánico sólo requiere que estés abierto a las posibilidades y estés atento a sus mensajes en cualquier forma que vengan.

Los viajes chamánicos pueden ayudarte a acceder a ideas e intuiciones que no siempre están disponibles para tu mente pensante. Puedes tener encuentros profundos con los antepasados en este espacio ceremonial, incluso si nunca los conociste en la vida «real». En el siguiente ejercicio, te doy el esquema básico de un viaje chamánico. Una vez que te hayas familiarizado con él, intenta viajar para conocer a un antepasado. Luego, crea variaciones que resuenen con tus propias preferencias espirituales y estéticas.

Ejercicio: Viajar para conocer a un antepasado

Para hacer este ejercicio, sólo necesitas un espacio tranquilo y privado y un tambor o sonaja. Si no tienes un tambor o una sonaja, puedes tocar una pista de batería chamánica grabada. Hay muchas disponibles en internet.

Empieza estableciendo un espacio sagrado. En otras palabras, haz un gesto ritual que te parezca significativo, indicando que estás dejando de lado tu mente ordinaria y tus preocupaciones cotidianas, y emprendiendo un viaje interior. Para algunos, esto significa barrer el suelo y encender velas; para otros, colocar un círculo de pétalos de flores. Las posibilidades son infinitas. Si viajas para conocer a un antepasado específico, es posible que desees colocar una fotografía de esa persona como parte de tu ritual de configuración del espacio.

Una vez que tu espacio sagrado esté listo, indica tu intención para el viaje. Por ejemplo: «Deseo viajar a un lugar donde pueda conocer el espíritu de mi bisabuela». Puedes pedir consejo sobre un tema específico, algo como «Deseo conocer a un antepasado que pueda darme una idea de mi patrón ancestral de no comprometerme en relaciones íntimas». O tu intención puede ser más amplia y general. Lo importante es mantenerlo simple. No lo compliques haciendo demasiadas preguntas diferentes a la vez. Recuerda que siempre puedes hacer otro viaje con una intención diferente.

Cuando estés listo, comienza a tocar el tambor o sonaja, o reproduce la grabación. Cierra los ojos y deja que el ritmo te inunde. Por unos momentos, simplemente escucha el sonido. Deja que el ritmo te lleve poco a poco a un estado alterado de conciencia. Imagina que un guía de confianza te está escoltando para conocer a tu antepasado. Este guía puede tomar la forma de un ser humano, un animal, una criatura mítica como un dragón, o puede aparecer simplemente como un color o como luz. A medida que avanza tu viaje, este ser protector se quedará a tu lado, cuidándote.

Visualiza a tu guía guiándote a través de un portal: una puerta, un túnel o un tronco hueco. En el otro lado de este portal, encuentras el espíritu de tu antepasado. Si este espíritu no llega de inmediato, sólo espera y ten paciencia. Cuando aparece tu antepasado, puede tener el mismo aspecto y personalidad que en vida, o puede tomar una forma completamente diferente. Pueden hablar con palabras o comunicarse a través de gestos, sonidos, imágenes o incluso olores. Permanece abierto a lo que surja. Quédate con tu antepasado el tiempo que sea necesario. Cuando te sientas listo para salir, expresa tu agradecimiento y deja que tu guía te conduzca de regreso a través del portal hacia el mundo ordinario.

Lentamente deja que el tamborileo o cascabeleo se desvanezca y se detenga. Abre los ojos y siente que vuelves a tu cuerpo en el presente. Mueve los dedos de los pies; siente la sensación de tus pies en el suelo. Toma conciencia de que estás de vuelta en el ámbito conocido de tu vida cotidiana. Luego cierra tu espacio sagrado soplando velas, doblando tu manta o haciendo cualquier otro gesto que te parezca significativo y que represente que has regresado completamente a un estado de conciencia ordinario.

Escribe en tu diario cualquier mensaje que hayas recibido y ten presente que siempre puedes volver a viajar para hallar más claridad o visitar a otros antepasados.

Ejercicio: Invocar a tus antepasados

Durante los viajes chamánicos, a algunas personas les gusta invocar a sus antepasados recitando o cantando. A continuación propongo una canción simple que invitará a los antepasados a acudir a ti. Canta las dos primeras líneas en un tono monótono, luego canta la última línea en tres tonos descendentes. Puedes cantar esta canción después de abrir tu espacio sagrado, antes de empezar a tocar el tambor.

Ancestros, ancestros, os llamamos.
Ancestros, ancestros, os llamamos.
¡Venid! ¡Venid! ¡Venid!

Repite esta canción al menos cuatro veces. Descubrirás que el ritmo y el sonido comienzan a cobrar vida propia.

SENTARSE Y CAMINAR CON LOS ANCESTROS

En su libro *Chamanismo. Guía práctica*, el practicante chamánico Tom Cowan describió cómo recibió una inspiración un día mientras caminaba por el bosque, una conciencia experiencial de lo que debe haber sido ser realmente un ancestro. Se dio cuenta de que, justo cuando caminaba bajo los árboles, sus antepasados también habían caminado por el bosque. Cuando respiraba el aire del bosque, con su aroma a hojas y hongos en descomposición, sus antepasados habían inhalado este maravilloso aroma vivificante. Y también extendió esa visión al mundo moderno. Cuando oyó un avión sobrevolando, intuitivamente entendió que, incluso cuando podía oír a otros que viajaban a su alrededor, sus antepasados también habían oído a otros que viajaban a su alrededor.

Cowan se inspiró para desarrollar estas ideas en una práctica chamánica que colocaba los acontecimientos ordinarios de su vida en un contexto social e histórico más amplio. Mientras que en Occidente la educación nos enseña a vernos a nosotros mismos como individuos, esta práctica nos recuerda que somos parte de una larga cadena de humanidad, que todos compartimos lo que yo llamo «conciencia ancestral». De hecho, cada generación es simplemente una variación de un tema esencial. A pesar de que las condiciones ambientales y tecnológicas de nuestros antepasados pueden haber sido muy diferentes a las nuestras, seguimos teniendo muchas experiencias en común con ellos.

En mi casa, dispongo de una pequeña zona exterior donde escribo. Justo enfrente de mí, al otro lado del patio, hay un exquisito árbol de melaleuca, también llamado árbol del té. Se extiende hacia un lado desde la esquina del terreno, con parte de su piel expuesta en las zonas donde la corteza se ha desprendido. Un día, decidí intentar llegar a mi conciencia ancestral sentado debajo de ese árbol para ver a dónde me llevaba.

Ralenticé la respiración, miré sus ramas y comencé a sentir su sólida presencia. Me dije a mí mismo: «Estoy apreciando la solidez de este árbol como mis antepasados apreciaban la solidez de los árboles». Entonces noté su capacidad para ceder al viento: «Noto la capacidad de este árbol para balancearse con el viento, al igual que mis antepasados notaron que los árboles se balancean con el viento». Me sentí como si estuviera respirando con el árbol: «Estoy respirando con este árbol al igual que mis antepasados respiraban con los árboles». Oí ulular a una lechuza en algún lugar cercano: «Estoy oyendo a una lechuza como mis antepasados oyeron el ulular de las lechuzas».

Después de un rato, me levanté y caminé por el patio y seguí viendo y sintiendo desde este estado de conciencia ancestral. Incluso en mi patio trasero bastante pequeño, experimenté momentos atemporales en los que me sentí como si realmente fuera un antepasado que experimentaba ese entorno. Esto continuó durante unos minutos, luego entré en casa. Y mientras me retiraba, afirmé: «Voy a refugiarme tal como mis antepasados se refugiaban».

La meditación que sigue te llevará más allá de las palabras y el intelecto a una experiencia empática física y sensorial de cómo era la vida para tus antepasados de hace mucho tiempo. Te ofrece la oportunidad de utilizar todos tus sentidos para experimentar íntimamente lo que hicieron tus antepasados y acceder a la conciencia ancestral que está arraigada de modo profundo en tu ADN.

Ejercicio: Meditación sentada con tus antepasados

Encuentra un lugar cómodo al aire libre, ya sea en tu patio trasero, en un parque cercano o en una zona boscosa. Puedes sentarte en una silla o en el suelo, pero asegúrate de sentarte con la caja torácica erguida para que tu corazón esté abierto y tu respiración sea fácil.

Observa los latidos de tu corazón. Observa el ascenso y la caída de tu pecho y estómago mientras respiras con tranquilidad y sin esfuerzo. Cierra los ojos y repite esta frase lentamente diez veces: «Estoy respirando tal como respiraron mis antepasados».

Cuando estés listo, abre los ojos y mira a tu alrededor. Observa los elementos naturales de tu entorno: suelo, árboles, agua, piedras, montañas. Con cada observación, haz una afirmación como: «Estoy viendo este suelo tal como mis ancestros lo vieron». «Estoy viendo estas nubes como mis ancestros las vieron». «Estoy viendo este árbol como mis ancestros vieron un árbol». «Estoy sintiendo mis pies en el suelo al igual que mis ancestros sintieron sus pies en el suelo».

Continúa haciendo este tipo de afirmaciones sobre cualquier elemento natural que entre en tu campo de percepción. Si descubres que estás repitiendo afirmaciones, está bien. Continúa haciéndolo hasta que te venga algo nuevo a la mente. Cuando sientas que has terminado, simplemente detente y respira en silencio, permitiendo que tu nueva conciencia se asiente.

También puedes hacer esta meditación caminando en una zona al aire libre como un parque, o en las montañas o una zona boscosa, o incluso en tu patio o tu balcón. Si es posible, quítate los zapatos y ve descalzo, o usa zapatos con suela de cuero, ya que éstos te conectarán con la tierra, mientras que los zapatos con suela de goma te aislarán de esa conexión.

Comienza a caminar más despacio de lo habitual. Mientras caminas, toma nota de cualquier cosa en tu entorno o experiencia sensorial y conéctala con tus ancestros. Si te detienes a recoger bayas o setas, o te sientas en un tronco para descansar, o te detienes en un manantial para beber, reflexiona sobre el hecho de que todos éstos son actos que tus antepasados hicieron antes que tú. Si te encuentras con animales o personas, simplemente ten en cuenta que tus ancestros también tuvieron estos encuentros.

Utiliza tu imaginación para sentir que realmente eres un ancestro experimentando estas cosas mientras caminas de modo lento por tu entorno.

Capítulo 9

Retroceder

En su libro *The Spiral of Memory and Belonging*, el maestro chamánico Frank MacEowen escribe sobre un sueño que tuvo en el que abrazaba a su padre y empezaba a «retroceder» al cuerpo de su padre y a ver a través de sus ojos. Después, retrocedió al cuerpo de su abuelo y luego al de su bisabuelo, hasta que finalmente llegó a un ser muy antiguo que describió como un «ancestro primigenio». MacEowen escribe:

> De repente sentí una energía sanadora, casi como si este antepasado primigenio estuviera enviando una oración a través de la línea familiar de los hombres, tratando de aclarar algunas cosas que necesitaban resolución.

La experiencia de ver literalmente a través de los ojos de sus antepasados ayudó a MacEowen a comprender sus patrones ancestrales y lo llevó a realizar un extenso trabajo chamánico e interior para sanarlos.

Tomarte el tiempo para imaginar cómo era la vida de tus antepasados, incluso retroceder hasta sus cuerpos y apreciar qué se sentía al ver a través de sus ojos, puede abrir la puerta a nuevos niveles de comprensión y compasión. Muchas veces, ni siquiera consideramos lo que era caminar por la tierra como lo hicieron las personas que vinieron antes que nosotros: los olores y los sonidos, los dolores y las molestias, el hambre y la sed. Al retroceder a los cuerpos de nuestros antepasados utilizando técnicas chamánicas, podemos obtener información valiosa sobre los aspectos de sus vidas que continúan afectándonos hoy en día. El ejercicio siguiente, que está adaptado del libro de MacEowen, puede ayudarte a hacerlo.

Este ejercicio te lleva a una mayor conciencia de lo que tus antepasados experimentaron con sus sentidos físicos y fortalece tu relación con ellos. También brinda la oportunidad de familiarizarse con uno de los Ancianos, lo que MacEowen llama «ancestros primigenios». Estos Ancianos residen tan atrás en nuestros árboles genealógicos que en realidad están relacionados con todos nosotros, y compartir la sabiduría y la perspectiva que encarnan puede ser una experiencia que te cambie la vida.

Ejercicio: Retroceder hasta un Anciano

He simplificado este ejercicio para hacerlo más accesible a quienes lo practican solos, aunque se puede realizar en grandes grupos dirigidos por un facilitador.

Lo único que necesitas para este ejercicio es una habitación lo suficientemente grande como para que puedas caminar al menos cinco pasos sin obstrucciones, algo de música instrumental grabada, algo para cubrir tus ojos y ropa holgada y cómoda.

El ejercicio consta de cinco etapas. Comienzas contactando con uno de tus padres, luego «retrocedes» paso a paso hasta uno de los Antiguos, un Anciano. No importa con qué parte de tu familia elijas trabajar. De hecho, puedes dejar esa pregunta abierta hasta que inicies el proceso y dejar que sea tu intuición la que determine si comienzas con tu madre o con tu padre. No te preocupes por si conoces personalmente a alguno de estos antepasados. Es poco probable que conocieras a tus tatarabuelos en vida. Pero ahora tienes la oportunidad de conocerlos como ancestros.

Inicia tu música y, de pie, cierra los ojos o cúbrelos de alguna manera. Observa tu respiración, los latidos de tu corazón y cualquier otra sensación de tu cuerpo. Observa cualquier zona donde haya tensión.

Cuando estés listo, da un paso hacia atrás. Imagina que ahora estás en el cuerpo de uno de tus padres. ¿Qué progenitor has elegido intuitivamente? Supongamos que eliges a tu padre. ¿Cómo es estar en su cuerpo? ¿Te sientes seguro y cómodo?

Lo mejor que puedas, haz que tu cuerpo adopte la postura de tu padre. ¿Cómo te hace sentir eso? Por un momento, observa cualquier imagen, sensación o pensamiento que te llegue mientras habitas su espacio físico. ¿Qué siente tu padre hacia ti? ¿Cómo mostró amor? ¿Cuáles eran sus esperanzas y sueños? ¿Qué le hacía feliz? ¿Cuáles fueron sus dificultades? ¿Cuáles eran sus heridas? ¿Qué recursos tenía para ayudarle a lidiar con sus problemas y heridas? ¿Qué características y cualidades te transmitió? ¿Qué talentos o habilidades puede ofrecerte hoy? ¿Cuál era su relación con la tierra? ¿Cuál era su relación con sus propios padres?

Continúa respirando con facilidad y constancia, y tómate un poco de tiempo para permitir que te lleguen imágenes, sentimientos, sensaciones o pensamientos. ¿Has tenido nuevas ideas o revelaciones sobre tu padre que nunca antes se te habían ocurrido? Ten en cuenta que siempre puedes volver a este espacio para buscar más información.

Cuando estés listo, da un paso atrás e imagina que estás en el cuerpo de uno de tus abuelos. ¿Cómo es estar de pie en el cuerpo de este antepasado? ¿Te sientes seguro y cómodo? En la medida de tus posibilidades, haz que tu cuerpo adopte la postura de este abuelo. ¿Cómo te hace sentir? Observa cualquier imagen, sensación o pensamiento que surja al compartir este espacio físico y hazte las mismas preguntas que las anteriores. Ten en cuenta que puedes acceder a esta experiencia en cualquier momento que desees conocer a tu abuelo de una manera nueva.

Repite este proceso tres veces más, entrando en un bisabuelo, un tatarabuelo y, finalmente, un Anciano. Este Anciano vivió una vida muy diferente a la tuya, en un mundo muy diferente al tuyo, cerca de la tierra, las estaciones y los ritmos naturales de la Madre Tierra. Las tecnologías como los ordenadores y los automóviles eran desconocidas; en cambio, este ser estaba rodeado de árboles, piedras y agua que fluía de manera salvaje.

Adopta la postura de este Anciano y toma conciencia de cómo se siente. Deja que tus manos formen un gesto que exprese su energía y presencia, y toma nota de ello. ¿Qué información estás recibiendo? ¿Qué quiere este espíritu que sepas?

Considera comprometerte con el Anciano para renovar tu contacto de manera regular, para mantenerte al tanto de este espíritu el mayor tiempo posible y para conocer más sobre él. Si estás de acuerdo con esto, házselo saber de alguna manera. ¿Hay alguna cualidad que este Anciano pueda ayudarte a desarrollar en ti mismo?

Tómate unos momentos más para dejar que las imágenes, sentimientos, sensaciones o pensamientos lleguen a ti mientras respiras con facilidad y constancia. Ten en cuenta que puedes reunirte con este Anciano en cualquier momento. No olvides registrar tu experiencia en tu diario.

ENCARNAR ANCESTROS

Aunque muchas prácticas de sanación ancestral implican visualización o diálogo escrito o verbal, la sanación profunda también puede ocurrir a través del cuerpo, sin necesidad de pensar o hablar. Cuando invitamos a nuestros ancestros a nuestros cuerpos —cuando los encarnamos—, podemos compartir con ellos cualquier sanación que nosotros mismos estemos experimentando en el plano somático.

Tengo una paciente que es terapeuta certificada de masaje acuático. Practica una técnica comúnmente conocida como Watsu, que combina movimiento, estiramientos y masajes en una piscina de agua a una temperatura similar a la del cuerpo. Mueve a sus pacientes lenta y cariñosamente en el agua, permitiendo que sus cuerpos encuentren su propio ritmo natural en un estado de profunda relajación. Durante estas sesiones, muchas personas entran en un estado alterado de conciencia.

Un día, cuando ella misma estaba recibiendo una sesión de Watsu de otro terapeuta, de repente entró en una experiencia sagrada con sus ancestros. Cuando la terapeuta la acunaba como a un bebé y la mecía lentamente de un lado a otro en el agua, de repente sintió que *se convertía* en su abuela. Se sentía como si su abuela estuviera recibiendo la experiencia de sanación. Luego, la experiencia cambió para centrarse en su tía y, finalmente, en su madre.

Cuando sintió que se convertía en su madre, comenzó a sollozar. Conectó con la manera de cerrarse y aislarse de su madre, y experimentó cómo finalmente podía recibir un tacto cariñoso y sanador. Sentía como si su propio cuerpo se hubiera convertido en un canal a través del cual su madre podía sanar. Se dio cuenta de que había cuidado a su propia hija más de lo que su madre la había cuidado a ella. Luego percibió que había recibido más cuidados de su madre que los que su madre había recibido de su propia madre, su abuela. La encarnación que estaba teniendo lugar era, de hecho, sanar a los antepasados al menos cuatro generaciones atrás, probablemente más. Luego sintió que volvía a su propio cuerpo en un momento en que era muy joven, y se sintió increíblemente querida y cariñosa. Cuando terminó la sesión de Watsu, se fundió en un profundo sentimiento de gratitud por haber podido dar ese regalo a su madre y a su abuela, y a sí misma.

La historia de esta paciente demuestra lo profundos que pueden ser los casos de sanación ancestral cuando menos lo esperas. Sabía que su madre y su tía tenían heridas sin sanar, y que era probable que su abuela y su bisabuela también las tuvieran. La experiencia de ser acunadas y mecidas con tanto amor en el agua tibia brindó una oportunidad para que todos estos ancestros entraran y recibieran de ella y a través de ella el cuidado que necesitaban para seguir adelante en su propio viaje de sanación en el más allá.

En el siguiente ejercicio, encontrarás algunas ideas sobre cómo propiciar estos momentos tan poderosos a tu propia vida.

Ejercicio: Sanación de ancestros encarnados

Piensa en un antepasado cuyo trauma se manifestó como rigidez física, dureza o dificultad para dar o recibir afecto, luego planifica una experiencia que encuentres físicamente placentera: recibir un masaje, nadar o bailar con tu música favorita, por ejemplo. Mientras participas en esta experiencia, imagina que tu ancestro también está recibiendo el placer y la alegría que sientes en tu propio cuerpo. Incluso puedes decirte a ti mismo: «Tal y como estoy disfrutando de la cálida luz del sol en mi piel, que mi ancestro también la disfrute», o «Así como estoy moviendo mi cuerpo al ritmo de la música, que mi ancestro también sienta la felicidad de bailar».

Permítete sentir que no eres tú, sino tu antepasado quien está recibiendo el masaje, o yendo a nadar, o disfrutando del baile. Si lo deseas, puedes trabajar con varios antepasados a su vez, dando a cada uno la oportunidad de disfrutar de la experiencia placentera. Cuando estés listo para terminar el ejercicio, asegúrate de volver a tu propio cuerpo. Siente la sensación de calma y gratitud que surge, sabiendo que tus ancestros han compartido tu sanación. Registra tus impresiones en tu diario.

Capítulo 10

Conectar con espíritus ancestrales

En el capítulo 5, hablamos sobre los canales a través de los cuales recibimos mensajes de antepasados en el mundo de los espíritus. En este capítulo, veremos varias técnicas específicas que pueden ayudarte a abrir canales de comunicación con tus antepasados y comprender los mensajes espirituales que te están enviando.

ADIVINACIÓN

La adivinación es un método para acceder a información intuitiva a través de fuentes externas. La raíz de la palabra «divino» literalmente significa «de Dios», aunque algunas personas creen que los mensajes que reciben a través de la adivinación provienen de espíritus que se han ido al otro mundo o de su propio ser superior. La adivinación ha existido durante todo el tiempo en que los seres humanos han habitado el planeta, y en su práctica se ha utilizado casi de todo: hojas de té, nubes, comportamiento animal, péndulos y artículos como piedras, cartas y bastones. Estas prácticas a menudo requieren una interpretación experta o el uso de manuales o guías.

Es posible que ya estés familiarizado con las herramientas de adivinación que se analizan a continuación, y cualquiera de ellas se puede utilizar para conectarse con los antepasados. Puedes consultarlas para descubrir la información, los conocimientos y la orientación que necesitas para sanar tus patrones ancestrales.

Las cartas del tarot han existido durante miles de años, al menos desde el Antiguo Egipto. Se utilizaron por primera vez en Occidente durante la Edad Media. La mayoría de las barajas de tarot constan de setenta y ocho cartas divididas en cuatro palos. Cuando se disponen en filas, estas cartas entregan mensajes que un lector capacitado puede interpretar. Las tarjetas o cartas del oráculo, por otro lado, son más sencillas y a muchos les resultan más fáciles de usar. Las tarjetas del oráculo son muy intuitivas, e incluso los principiantes descubren que, con algo de práctica, pueden llegar a ser bastante expertos en realizar lecturas para ellos mismos y para los demás. Tanto las barajas de tarot como las de oráculo suelen ir acompañadas de guías con instrucciones sobre cómo usar e interpretar las cartas.

Las runas son símbolos extraídos de alfabetos prelatinos que datan del siglo II. Cada uno de estos símbolos antiguos suele estar dibujado en pequeñas piedras de cerámica o incrustado en pequeños trozos de vidrio liso. Cada runa representa no sólo una palabra, sino también capas más profundas de significado asociadas con palabras clave que se pueden discernir intuitivamente. Hoy en día, las runas suelen venir con un folleto que brinda pautas para interpretar las palabras clave que representan.

El *I Ching* es una de las herramientas de adivinación más antiguas que aún existen. Se basa en un sistema bastante complejo de sesenta y cuatro hexagramas que tiene más de cuatro mil años de antigüedad. Las lecturas consisten en lanzar manojos de tallos de milenrama para obtener conjuntos de números aparentemente aleatorios, cada uno de los cuales corresponde a un hexagrama cuyo significado se puede encontrar en el *I Ching*. Hay muchos libros que describen cómo usar el *I Ching*. Uno de mis favoritos es *The I Ching Workbook* de R. L. Wing.

Adivinar con cualquiera de estas herramientas para recibir y comprender los mensajes de los antepasados implica una colaboración intuitiva entre el antepasado, tú y la herramienta en cuestión. A mucha gente le parece que la parte más difícil de estas prácticas es aprender a confiar en su propia intuición. Aunque hay muchas guías que pueden ayudar a interpretar los mensajes, la clave para comprender los mensajes que proporcionan estas técnicas es considerar lo que es relevante para ti. En otras palabras, ¿la orientación que recibes tiene sentido desde un punto de vista intuitivo? ¿Resuena contigo?

Tal vez algunos de los mensajes que recibes a través de la adivinación te tocan la fibra sensible y otros no. Por lo general, estas herramientas no están diseñadas para darte respuestas simples de «sí» o «no». Pero cuando se usan de manera correcta, pueden ser lo suficientemente precisas como para darte alguna orientación y dirección, o al menos algunas ideas sobre cómo puedes descubrir las respuestas que buscas. Mi regla general es que si aproximadamente el ochenta por ciento de mis lecturas tienen sentido, entonces es probable que vuelva a usar ese método. Recomiendo hacer lecturas para ti mismo cada pocos días para ver cómo es tu experiencia.

ADIVINAR CON MI PADRE

Hace poco utilicé un juego de runas para tener una conversación con mi padre, que murió hace varias décadas. Decidí mantener la sesión abierta, simplemente pidiéndole orientación y que me dijera todo lo que quisiera hacerme saber. Comencé la sesión diciendo en voz alta: «Mi querido antepasado, mi padre, me gustaría recibir un mensaje claro, conciso, útil y sanador».

Después de hacer mi solicitud, saqué una runa llamada Inguz, cuyas palabras clave son «fertilidad» y «nuevos comienzos». Según R. H. Blum en su *Book of Runes*, dibujar esta runa puede «marcar un momento de liberación gozosa, de nueva vida, un nuevo camino». Blum continúa diciendo que Inguz a menudo aparece cuando es el momento de completar un proyecto.

Meditando sobre esta runa, me di cuenta de que mi padre me estaba diciendo que publicar este libro debía ser mi principal prioridad. Había estado trabajando en el proyecto de forma intermitente, dejándolo de lado durante días o semanas enteras. Ahora, me decía que me abrochara el cinturón y lo llevara a la línea de meta. Al reflexionar un poco más, me di cuenta de que mi familia tenía un patrón ancestral de proyectos inconclusos. Mi árbol genealógico estaba lleno de parientes que «no podían completar nada», a pesar de que tenían grandes ideas y mucho talento. De hecho, «no se puede completar nada» era una de nuestras leyes oscuras. Al mostrarme esta runa, mi padre me estaba animando a romper ese patrón, no sólo para mí, sino para todo nuestro linaje.

Después de esta sesión de adivinación, me comprometí conscientemente a trabajar en mi libro durante al menos dos horas al día hasta que estuviera terminado. Un mes o dos después, había completado el manuscrito y lo había enviado a mi editor. El mensaje de mi padre me ayudó a cambiar un patrón ancestral y disolver una de mis leyes oscuras. Sólo tenía que escuchar y poner en práctica sus consejos.

A continuación, propongo un ejercicio que puede ayudarte a recibir mensajes espirituales a través de la adivinación para encontrar la orientación que necesitas.

Ejercicio: Adivinar con un antepasado

Elige cualquier herramienta de adivinación que te parezca significativa e identifica a un antepasado con el que te gustaría comunicarte. Si no tienes un antepasado específico en mente, puedes solicitar mensajes de cualquier antepasado que se manifieste.

Comienza por sentarte en silencio durante unos momentos con los ojos cerrados y la herramienta de adivinación ante ti, luego concéntrate en una pregunta que desees hacerle a tu antepasado. Si no tienes una pregunta específica en mente, pide un mensaje general diciendo en voz alta: «Querido antepasado, ______ (nombre del antepasado), me gustaría recibir un mensaje que sea claro, conciso, útil y sanador». Si la pregunta es para cualquier antepasado que se manifieste, puedes decir: «Queridos antepasados, me gustaría recibir un mensaje que sea claro, conciso, útil y sanador».

Usa tu herramienta de adivinación de acuerdo con sus instrucciones, ya sea colocar cartas, lanzar bastones o cualquier otro método. Una vez que hayas dispuesto la pieza o piezas, tómate unos momentos para contemplarlas. ¿Qué impresiones tienes? ¿Cómo te sientes cuando las miras? ¿Se te ocurre alguna idea, incluso antes de consultar una guía para interpretarlas? ¿Qué sensaciones físicas surgen en tu cuerpo?

A continuación, consulta un manual de confianza para interpretar tus resultados. ¿Te sorprende la respuesta? ¿Algo de eso resuena contigo? ¿Qué crees que tus antepasados están tratando de decirte? Tómate unos minutos para anotar tus impresiones en tu diario.

Si eres nuevo en la adivinación, intenta establecer este tipo de comunicación con un antepasado cada pocos días. Cuanto más practiques, más fácil será. Te animo a experimentar con varias prácticas de adivinación diferentes, sabiendo que en algún momento podrás decidirte por una herramienta en particular que te funcione mejor.

ESCRITURA AUTOMÁTICA

Una de las formas más antiguas de conectarse con el Espíritu es a través de la escritura automática, la práctica de escribir palabras y oraciones que no provienen de tus propios pensamientos conscientes. Esta práctica se desarrolló alrededor del año 420 d. C. en China y se ha utilizado desde entonces en varias culturas de todo el mundo. En Estados Unidos, la escritura automática experimentó un resurgimiento de popularidad en la década de 1920 cuando luminarias como Arthur Conan Doyle le dieron respaldo.

Cuando practicas la escritura automática, aunque es tu mano la que sostiene el bolígrafo y se mueve a través de la página, en realidad estás transcribiendo mensajes del Espíritu, no escribiéndolos tú mismo. Ésta puede ser una forma profunda de comunicarse con un antepasado. Es posible que te sorprendas al encontrarte transcribiendo mensajes que provienen de tus bisabuelos o más allá, y puedes volver a esta práctica cada vez que anheles un sentido de orientación o conexión.

Si nunca has probado la escritura automática, te puede parecer un poco extraño al principio. Pero no te desanimes si no funciona de inmediato. A medida que practiques un poco, te irás sintiendo más cómodo con la técnica. Cuando lo he hecho, parece como si mi mano se moviera por su propia voluntad. A veces la escritura termina siendo algo garabateada, pero siempre es descifrable. Los dos ejercicios que se presentan a continuación pueden ayudarte a conectar con el mundo de los espíritus mediante esta práctica.

Ejercicio: Canalizar mensajes espirituales

Encuentra un lugar tranquilo donde no te molesten, con una mesa o escritorio sobre el que puedas escribir. Enciende una vela y, si lo deseas, coloca un par de fotos de tus antepasados sobre la mesa. Te sugiero encarecidamente que uses lápiz y papel para este ejercicio, ya que sentirás la escritura más directamente que con un ordenador o dispositivo similar.

Una vez que hayas establecido tu espacio de escritura, siéntate en silencio unos instantes y relájate. Deja que tu respiración se vuelva regular y estable. Cierra los ojos y ofrece una oración de agradecimiento a tus antepasados. Pide su bendición para esta ceremonia.

Ahora tienes que tomar algunas decisiones. Puedes hacerles una pregunta específica a tus antepasados o simplemente puedes pedirles un mensaje. De cualquier manera, anota tu solicitud en la parte superior del documento. Puedes dirigir la pregunta a un antepasado en particular, como tu madre o tu abuelo, o puedes dirigirte a tus antepasados en general. Si esto es nuevo para ti, es recomendable que te dirijas a tu madre o padre para comenzar.

Una vez que hayas escrito tu pregunta y el nombre del antepasado, deja el bolígrafo sobre el papel y siéntate en silencio. Cierra los ojos para eliminar cualquier distracción visual. Expresa tu solicitud en voz alta o piénsalo para tus adentros, dirigiéndola al antepasado al que le estás preguntando. Entonces limítate a esperar. Es posible que pasen unos momentos antes de que recibas una respuesta. Cuando sientas el impulso, toma el bolígrafo y empieza a escribir. Recomiendo usar tu mano no dominante. Te puede parecer algo torpe, pero escribir con tu mano no dominante te ayuda a dejar a un lado tu mente consciente y abre tu mente subconsciente para que actúe como un canal para la comunicación.

Deja que tu mano viaje a través de la página como quiera, sin tratar de controlarla. En otras palabras, despréndete del proceso, no trates de hacer que algo suceda. Sólo permite que pase lo que pase. No intentes dar sentido a las palabras mientras escribes. También puedes encontrarte trazando símbolos u otras imágenes. Es importante que te tomes tu tiempo y no te apresures; sólo deja que el antepasado mueva tu mano como él o ella decida.

Mantén tu mente lo más clara posible, prestando atención a tu respiración. Mantén la respiración suave y natural. Si surgen pensamientos, sólo obsérvalos y déjalos pasar. Te has convertido en el conducto para la comunicación de tu antepasado; mantente abierto y crea un espacio para que sus mensajes lleguen.

Una vez que hayas terminado de escribir el mensaje, deja el papel a un lado. Levántate y sal al exterior durante unos instantes si es posible. Camina por tu patio, por tu balcón, o da la vuelta a la manzana. Cuando regreses, mira lo que has escrito. ¿Los mensajes son claros? ¿Tienen algún sentido para ti? ¿Puedes descifrar las palabras y los símbolos de una manera que sea relevante para ti?

No te preocupes si los mensajes que recibiste no tienen sentido de inmediato. Deja el papel a un lado y revísalo en uno o dos días, o en una semana, o en un mes. Te sorprenderá descubrir cómo los mensajes cobran sentido con el tiempo.

Ejercicio: Crear un diálogo con tus antepasados

Una vez que te sientas cómodo con la escritura automática, intenta crear un diálogo con un antepasado. Esto requiere que cambies de un lado a otro entre tu yo habitual y las comunicaciones que estás recibiendo del antepasado.

Al igual que en el ejercicio anterior, comienza escribiendo una pregunta y el nombre del antepasado, luego deja tu bolígrafo en el papel y sigue las instrucciones anteriores, dejando que la respuesta de tu antepasado llegue a través de ti. Cuando sientas que el mensaje está completo, deja el bolígrafo, respira hondo y vuelve a tu ser normal.

Una vez que hayas regresado completamente a tu ser normal, escribe una segunda pregunta para contestar a la respuesta que has recibido. Luego vuelve a la conciencia de tu antepasado, permitiendo que su mensaje fluya a través de ti. Sigue alternando entre tú y tu antepasado tantas veces como sea necesario para completar el diálogo.

REENCARNACIÓN Y VIDAS PASADAS

Algunas tradiciones enseñan que el alma se reencarna después de la muerte de una persona. Muchas culturas asiáticas creen que esto sucede bastante rápido. Por ejemplo, cuando el Dalai Lama muere, se cree que su alma ya ha encontrado el camino de regreso y comienza la búsqueda del niño que será el próximo Dalai Lama.

Ocasionalmente, un antepasado puede decidir renacer en la misma familia. Cuando esto sucede, puedes tener la fascinante experiencia de convertirte en tu propio antepasado. Aunque se trata de una elegante paradoja que desafía la imaginación, ¡es posible que uno o más de tus antepasados distantes sean precisamente *tú*!

Un amigo mío se formó con un *sangoma** tradicional, o «médico espiritual», en Suazilandia, que contó una historia sobre uno de sus hijos, que estaba muy débil al nacer. Nada de lo que hacían los médicos parecía ayudar. Él y su esposa estaban muy preocupados y fueron a ver a un *sangoma* de confianza para que les diera su opinión. El médico espiritual les informó de que su hijo era, de hecho, un antepasado reencarnado que no estaba contento con el nombre que habían elegido para él. Insistió en que lo llamaran Nduna, que significa «anciano», alguien que es respetado, honrado y apreciado. En un ritual, el bebé fue renombrado para honrar al antepasado y, una vez que se completó el ritual de nombramiento, el niño se volvió sano y fuerte.

Esa misma mujer contó que dos antepasados diferentes se conectaron con ella durante una sesión de tambores y bailes, antepasados que afirmaban ser reencarnaciones de ella. Una —una mujer irlandesa con la que había estado trabajando a través de viajes chamánicos durante varios años— le dijo que había sido una sacerdotisa druida y que se había reencarnado como mi amiga en esta vida. El otro era un antepasado africano que había acudido a ella por primera vez durante una recuperación de almas de vidas pasadas. Tras superar su confusión inicial sobre estos dos espíritus y su relación con ella, finalmente comenzó a conectarse con ellos como antepasados y como proyecciones de sus propias vidas pasadas.

* Curandero tradicional en la cultura zulú. (*N. de la* T.)

A través de la investigación, la contemplación y los viajes chamánicos, he llegado a la conclusión de que la gran mayoría de las vidas pasadas y los recuerdos ancestrales son, en esencia, lo mismo. La memoria reside no sólo en nuestras mentes, sino también en las propias células de nuestros cuerpos y, en consecuencia, en nuestro ADN. A pesar de que cuanto más retrocedemos a través de las generaciones, más difuso es el acervo genético, biológica y espiritualmente todavía estamos conectados con nuestros antiguos progenitores, aunque sólo sea en una pequeña parte. Conservamos algunos fragmentos de memoria ancestral que siguen habitando en nosotros, y podemos conectarnos con ellos a través de la regresión hipnótica, los viajes chamánicos, los sueños y otros medios. Los siguientes dos ejercicios te muestran distintas formas de establecer estas conexiones.

Ejercicio: Regresión a vidas pasadas

La regresión a vidas pasadas es un proceso mediante el cual aquellos que se encuentran en un estado alterado de conciencia, que por lo general se logra a través de la hipnosis o una práctica meditativa similar, conectan con un recuerdo de otra vida que se ha incrustado profundamente en su subconsciente. Al retroceder a través del pasado con la intención de encontrar la fuente de un problema en concreto, pueden descubrir la conexión entre esa vida pasada y sus síntomas presentes. Esto a menudo conduce a la sanación. Las regresiones de vidas pasadas se realizan mejor con la ayuda de un guía experimentado, pero este ejercicio puede darte una idea de cómo son.

Encuentra una grabación de percusión chamánica en internet o pídele a un amigo que toque un tambor de marco para ti. Una vez que empiece a tocar el tambor, acuéstate en un lugar tranquilo y cómodo, cierra los ojos y respira profundamente.

Mientras escuchas el tambor, imagina que estás flotando hacia atrás en el tiempo. Resta diez años de tu edad actual y permítete volver a ese tiempo. Trata de *sentirte* realmente de la misma manera que te sentías a esa edad, en cuerpo, mente y emociones. Luego resta otros diez años y sumérgete de lleno en la experiencia de ser tú mismo a esa edad. Continúa este proceso hasta que te sientas como un bebé recién nacido.

Continúa flotando en el tiempo y permítete entrar en el espacio oscuro del útero, luego retrocede aún más a través de la oscuridad hasta que sientas que algo te estira de vuelta a la tierra. Cuando esto suceda, entra lentamente en esa vida pasada. ¿Qué sensaciones sientes en el cuerpo? ¿Ves imágenes o escuchas sonidos? ¿Cuántos años tienes? ¿En qué lugar de la Tierra te encuentras? ¿Qué período histórico parece ser? ¿Qué está pasando a tu alrededor? ¿Estás experimentando un acontecimiento específico o llevando a cabo una tarea concreta? No te preocupes si no obtienes todas las respuestas a la vez. Recuerda que siempre puedes volver a este lugar para obtener más información. Por ahora, es suficiente con tener esa intuición.

Cuando te sientas listo, comienza a avanzar en el tiempo, volviendo a ti mismo como un bebé, luego como un niño, luego como un adolescente, luego como un adulto, hasta que regreses a tu cuerpo actual. Anota cualquier impresión que hayas tenido en tu diario. Durante los próximos días y semanas, mantente alerta a las señales que te den más pistas sobre el significado de lo que experimentaste.

Ejercicio: Viajar a una vida pasada

Si el ejercicio anterior te ha parecido difícil, es posible que prefieras embarcarte en este simple viaje chamánico para conocer a una encarnación pasada de ti mismo. Al igual que en el ejercicio anterior, no te preocupes si no obtienes todas las respuestas en tu primer intento. Recuerda que puedes hacer tantos viajes como sea necesario para explorar plenamente tus vidas pasadas.

Elige un espacio tranquilo donde no te molesten. Establece tu espacio sagrado de la manera habitual: enciende incienso, agita una sonaja, invoca la protección de tus antepasados o haz cualquier otra cosa que te parezca significativa. Luego siéntate o acuéstate cómodamente y establece la intención de conocer a una encarnación anterior de ti mismo.

Si tienes un tambor de marco, comienza a repicar lentamente. Si no lo tienes, reproduce una grabación de tambores. Cierra los ojos e imagina que tú y un guía de confianza estáis caminando por un largo túnel lleno de luz. Cuando llegas al final del túnel, emerges a la Tierra de los Ancestros. Es posible que se te aparezca como un lugar fresco y brumoso, o frío y nevado, o caluroso y soleado. Puedes encontrar todo tipo de plantas y vegetación. Mantén una actitud abierta y presta atención a lo que surja.

Imagina que tu guía te lleva a un pequeño banco o tronco, donde ambos os sentáis. Si esperas aquí pacientemente, tu yo pasado se manifestará. Puede aparecer en forma visual, caminando hacia ti y presentándose. O puede llegar en forma de sonido, sensación o tan sólo como un conocimiento. Deja que tu yo pasado se conecte contigo y comparta tanta o tan poca información sobre sí mismo como decida.

Cuando sientas que has terminado, da las gracias a tu encarnación pasada por aparecer. Sigue a tu guía de regreso al túnel y vuelve a la realidad ordinaria. Deja que el tamborileo se desvanezca lentamente, luego detente o para la grabación. Termina tu viaje y cierra tu espacio sagrado de una manera que te parezca significativa. Asegúrate de registrar lo que has descubierto en tu diario.

Capítulo 11

El otro lado

En Occidente, mucha gente cree que dejamos de crecer y cambiar después de morir, que la personalidad que tuvimos en la vida es la que seguiremos expresando después de la muerte. Si tu tío era una persona severa y reservada con sus emociones en vida, es de esperar que aparezca como un antepasado severo y reservado después de muerto. Sin embargo, a veces la experiencia de la muerte nos cambia. En ocasiones llegamos a encarnar cualidades como antepasados que estaban menos disponibles para nosotros durante nuestras vidas terrenales. Los antepasados que eran severos y reservados en vida pueden mostrarse alegres y relajados después de pasar al otro lado, libres por fin de las pesadas cargas que los agobiaban en este mundo. Los antepasados que fueron fríos y críticos durante su vida finalmente pueden expresar compasión, después de haber superado los bloqueos internos que les impedían hacerlo antes.

A veces les guardamos un rencor a nuestros antepasados que está arraigado en las cualidades negativas que mostraron durante su vida en la tierra. Cuando pasan al otro lado, tendemos a restregarles en la cara sus errores en lugar de apoyarlos en su crecimiento continuo hacia su yo superior. Olvidamos que no han terminado con su viaje de sanación, al igual que nosotros no hemos terminado con el nuestro.

EVOLUCIÓN ANCESTRAL

Una vez, una amiga mía recibió una visita inesperada del espíritu de la madre de su padre. Había muerto hacía años, y la verdad era que nadie se había llevado muy bien con ella en vida. Había sido una señora dura con opiniones inquebrantables sobre el respeto y el sacrificio, y las decisiones que había tomado en su vida reflejaban sus rígidas creencias. Se había casado y había tenido un hijo, y cuando ese matrimonio no funcionó, nunca se volvió a casar. Nunca salió con nadie siquiera. Nunca dejó de querer a su exmarido, y dedicó toda su vida a criar a su hijo y a trabajar duro en empleos ocasionales para llegar a fin de mes.

Mi amiga siempre pensó que su abuela era una mujer infeliz, solitaria y algo malhumorada. Protestaba cada vez que su padre insistía en que fueran a visitarla. Así que se sorprendió un poco cuando el espíritu de su abuela fue a visitarla poco después de su propia separación y divorcio en 2007. En aquel momento, mi amiga estaba destrozada. Sentía que había fracasado en su matrimonio y le hacía sentir mal que sus hijos tuvieran que ir y venir entre dos casas. Su sueño de una conexión verdadera se había hecho añicos, y ahora estaba perdida y confundida.

Durante esa época, pasó una enorme cantidad de tiempo meditando, haciendo lecturas intuitivas y de tarot, y asistiendo a sesiones de sanación y terapia. Hizo todo lo posible para procesar su experiencia desde una perspectiva espiritual saludable y evitar hundirse en la autocompasión, la culpa o la ira. Aunque se puso en contacto con muchos amigos y familiares en busca de consuelo y consejo, en ningún momento se le habría ocurrido invocar a su abuela.

Sin embargo, un día, en medio de una sesión de meditación, el espíritu de su abuela la visitó inesperadamente. Mi amiga la reconoció porque con su llegada percibió el aroma del café de filtro, algo que sólo asociaba con las visitas a la casa de su abuela. Una vez que se dio cuenta de quién era, el aroma desapareció, como si su abuela estuviera satisfecha de haber establecido el contacto.

La abuela de mi amiga comenzó a hablar con ella sobre sus patrones familiares. Le dijo que después de haber sufrido tanto por su primer matrimonio, prometió que nunca más volvería a querer a nadie. A partir de entonces, expresó su amor sólo a través de críticas, sarcasmo y reprimendas, cosas que le impedían acercarse demasiado a los demás. Mi amiga sintió un gran alivio cuando su abuela admitió estos comportamientos, ya que ésas eran exactamente las razones por las que nunca había querido ir a visitarla en vida.

Entonces la abuela de mi amiga le hizo saber que ella estaba allí como una aliada para acompañarla en ese momento difícil y ayudarla a romper el patrón familiar de no abrirse al amor. Imploró a mi amiga que no cometiera el mismo error que ella. Ahora que su abuela había fallecido, se había dado cuenta de que la decisión de construir muros contra el amor no le había servido, sino que le había impedido tener lo que podría haber sido una vida más alegre y conectada.

La abuela de mi amiga señaló que mi amiga también no había dado todo el amor que podía dar en su matrimonio. En efecto, uno de los comentarios habituales que le hacía a su exmarido era: «Está bien, no nos pongamos demasiado cursis». No fue agradable para mi amiga verse retratada de esta manera, pero era necesario para su sanación. Le ayudó a darse cuenta de que no era impotente; podía hacer cambios en su forma de relacionarse con las personas que la rodeaban para construir un futuro diferente.

Ésta fue una experiencia profunda para mi amiga. Después, continuó hablando con su abuela de vez en cuando. En consecuencia, sus recuerdos de aquel carácter amargo y excesivamente crítico se fueron sustituyendo por recuerdos afectuosos de la fortaleza de su abuela y su intenso amor, que se negó a compartir por miedo. Incluso recuperó un bonito recuerdo de su abuela pelando y cortando manzanas para ella porque no le gustaba la cáscara, una forma de mostrar amor que había olvidado por completo.

La historia de mi amiga es un gran ejemplo de las formas en que nuestros antepasados pueden evolucionar después de la muerte, tanto proporcionando sanación a sus descendientes en la tierra como recibiéndola a cambio. Observar la vida de mi amiga ayudó a su abuela a darse cuenta de sus propios patrones y activó la firme voluntad de evitar que su nieta cometiera los mismos errores. Y escuchar a su abuela ayudó a mi amiga a cambiar esos patrones en su propia vida y en las generaciones venideras.

El siguiente ejercicio puede ayudarte a hacer lo mismo con los antepasados cuyas cualidades positivas pueden haber estado ocultas o subdesarrolladas durante su vida en la tierra.

Ejercicio: Imaginar el cambio y el crecimiento

Piensa en un antepasado del que guardes recuerdos más bien negativos: una tía abuela malhumorada, un abuelo tacaño. Imagina que ese antepasado ha tenido recientemente una tremenda experiencia de sanación, recibiendo lo que fuera necesario para liberar el dolor anterior y llegar a una profunda comprensión sobre los patrones dañinos que dieron forma a su vida. Deja volar tu imaginación, visualizando a esa persona completamente transformada de la mejor manera posible.

¿Cómo está ese antepasado ahora que está sanado? ¿Cómo suena la voz de esa persona? ¿Qué quiere decirte?

Imagina a ese antepasado compartiendo su aprendizaje contigo y buscando tu apoyo para sanar ese patrón familiar. ¿Qué se siente al permitir que esta persona crezca, cambie y sane? ¿Cómo te sentirías si tus propios descendientes te permitieran crecer, cambiar y sanar, independientemente de las limitaciones que hayas tenido en esta vida?

HONRAR LAS TUMBAS DE LOS ANTEPASADOS

En muchas culturas de todo el mundo, honrar las tumbas de los antepasados es una responsabilidad importante y una práctica espiritual por derecho propio. Por ejemplo, en China, mucha gente todavía celebra un festival que tiene 2500 años de antigüedad: el Día del Barrido de Tumbas. Esta celebración de principios de primavera brinda a las familias la oportunidad de honrar a sus antepasados arreglando sus tumbas y haciendo ofrendas tradicionales como comida e incienso. Los católicos que visitan tumbas y rezan durante la primera semana de noviembre reciben indulgencias plenarias, mientras que en Egipto se reservan días especiales durante todo el año para visitar tumbas ancestrales y dejar ofrendas de pétalos de rosa, hojas de palma o frutas.

Honrar las tumbas de tus antepasados tiene beneficios tanto para ti como para ellos. Cuidar las tumbas con atención es una forma de que tus antepasados sepan que no los han olvidado después de la muerte, y las conversaciones que tienes con ellos mientras cuidas sus tumbas pueden reforzar tu conexión y brindar oportunidades para la curación mutua. Cuidar una tumba también puede recordarte tu propia mortalidad e inspirarte a contemplar las cosas que te gustaría lograr durante tu breve paso por la tierra antes de reunirte con ellos.

He experimentado algunas de mis interacciones más profundas con mis antepasados durante las visitas a sus tumbas. Para mí, éste es un momento tranquilo e íntimo en el que dejo de lado las distracciones de la vida cotidiana para estar con ellos en su lugar de descanso. Descubrí que las relaciones que tuve con mis familiares cuando estaban vivos no terminan después de su muerte, sino que se transforman. Todavía puedo acudir a ellos en busca de orientación y consejo, o simplemente para infundir una sensación de presencia amorosa.

Si vives lejos de las tumbas de tus antepasados o vienes de una tradición en la que los restos son incinerados, aún puedes honrarlos creando un altar ancestral en tu casa. Aunque algunas tradiciones espirituales le dan importancia a estar cerca de los huesos de sus antepasados literalmente, puedes lograr muchos de los mismos beneficios con tan sólo mostrar reverencia en el lugar que elijas, mientras mantienes viva la memoria de tus antepasados.

En muchas culturas, es común honrar a aquellos que han fallecido creando un altar ancestral en el hogar, una mesa pequeña u otro espacio dedicado a ellos donde se muestren fotografías de antepasados y se hagan ofrendas de manera regular. Al igual que cuando cuidas una tumba, crear y cuidar un altar puede indicar a tus antepasados que no los has olvidado.

Además, un altar puede servir como un recordatorio diario de que no caminas solo por la vida, incluso si tus antepasados están enterrados a miles de kilómetros de distancia y no puedes visitar sus tumbas, o si se desconoce la ubicación de sus tumbas. Ver fotografías u otros recordatorios de tus antepasados puede darte la oportunidad diaria de reflexionar sobre tu propia mortalidad y fortalecer tu determinación de vivir de una manera ética, compasiva y beneficiosa para todos los seres, incluidas las generaciones futuras.

Los siguientes dos ejercicios te dan opciones para honrar a aquellos que han pasado al otro lado, ya sea visitando sus tumbas o creando un altar ancestral.

Ejercicio: Visitar la tumba de un antepasado

Visita la tumba de un progenitor, pariente o antepasado y llévale una ofrenda como flores o comida, y lleva contigo una escoba o cepillo para barrer y guantes para arrancar malezas. También puedes llevar tu diario.

Comienza limpiando el lugar y los alrededores, luego siéntate cerca de la tumba. Mientras te quedas allí en silencio, cierra los ojos y presta atención a tu respiración. Respira un poco más lento y más hondo de lo habitual. Intenta estar plenamente presente en este espacio.

Cuando estés listo, repite lentamente esta frase, ya sea en silencio o en voz alta: «Madre (o Padre, u otro antepasado), por favor, ven a mí». Presta atención a cualquier sensación, emoción, pensamiento, imagen o recuerdo que te venga a la mente.

Presta atención al mundo exterior también. ¿Oyes o ves algún pájaro u otro animal? ¿Escuchas un fragmento de conversación o vislumbras un objeto en tu entorno que no habías advertido antes? Recuerda, los mensajes de tus antepasados pueden venir de dentro o de fuera de ti, y pueden llegar en muchas formas diferentes. Date quince o veinte minutos para reflexionar sentado y en silencio.

Si aún no sientes una respuesta de tu antepasado después de ese tiempo, no te frustres. La frustración, la molestia y la impaciencia te sacan del modo receptivo en el que eres más capaz de conectarte con tus antepasados. Así pues, relájate. Confía en que recibirás mensajes cuando estés listo. Si sientes que has recibido un mensaje, confía en lo que has recibido. Puede ser un mensaje muy simple o puede no tener sentido inmediato. De cualquier manera, sólo confía en ello.

Cuando estés listo, escribe tu experiencia en tu diario, sin importar lo que haya sucedido, incluso si no ha pasado «nada». Si no has recibido un mensaje o no estaba claro, no te desanimes. Se necesita práctica para aprender a comunicarse con los antepasados que han pasado al otro lado. Tanto si recibes un mensaje como si no, ten por seguro que has honrado a este antepasado al ir a su tumba, hacer una ofrenda e intentar establecer un contacto.

Da las gracias a tu antepasado antes de partir y anota en tu diario cualquier sueño que puedas tener esa noche. Tu antepasado puede aparecérsete de esa manera o utilizar tus sueños para enviarte un mensaje.

Ejercicio: Crear un altar ancestral

Encuentra un espacio en tu casa —puede servir un espacio pequeño—, que puedas dedicar a un altar familiar. Sitúa una mesa en esa zona y, tras cubrirla con un mantel o paño, coloca fotos y otros objetos de tus antepasados en él: cartas antiguas, joyas, botones o recuerdos. Tu altar no necesita contener muchos artículos, sólo los que son importantes para ti.

También puedes añadir otros artículos que te parezcan bellos o sagrados: un jarrón de flores, incienso, agua bendita o cualquier otra cosa que creas que honra a los muertos. Si lo deseas, sin duda puedes añadir imágenes de figuras religiosas o maestros espirituales. Pero ten en cuenta que el propósito principal de este altar es honrar a tus antepasados.

De vez en cuando, renueva el altar cambiando las cosas de lugar, añadiendo o reemplazando fotos o poniendo flores frescas. Establece una práctica diaria o semanal de rezar a tus antepasados mientras te sientas o te colocas de pie cerca de tu altar, y de hacerles ofrendas regulares en él. Tu altar pronto se convertirá en un recordatorio continuo de tu herencia y de cómo tus antepasados todavía están activos en la vida de sus descendientes vivos.

LIBERACIÓN DE ESPÍRITUS TERRESTRES

De vez en cuando, me encuentro con un paciente que está preocupado por la presencia de un espíritu del lugar, por lo general un pariente que falleció hace poco tiempo, pero que ha tenido dificultades para soltar la vida y hacer la transición al otro mundo. A veces, estos espíritus pueden haber muerto hace años, pero continúan haciendo notar su presencia. A veces simplemente tienen asuntos pendientes de algún tipo e intentan ocuparse de ellos después de la muerte. Por lo general, permanecen durante unos pocos días, pero pueden demorarse mucho más, dependiendo de las decisiones que tomen.

Durante cuatro años, viví en una casa en la que toda mi familia podía sentir una presencia. A veces, oíamos ruidos por la noche que no tenían una fuente identificable. Más tarde supimos que el hombre que vivió allí antes que nosotros había muerto a los noventa y dos años, después de haber habitado ese lugar unos cincuenta años. Recibí un par de mensajes espirituales de este hombre y supe que sólo quería que cuidáramos bien de «su» casa. Le aseguré que lo haríamos, y admitió que le gustaba tener una familia amorosa viviendo allí. Sirvió como una especie de centinela espiritual durante un par de años, luego se marchó al otro lado por su propia cuenta, confiando en que su casa estaba en buenas manos.

Como han permanecido aquí, los espíritus terrestres aún no han pasado por ninguna evolución espiritual, aunque la mayoría terminará dirigiéndose a la luz. No hay razón para temer o alarmarse por estas presencias. No se quedan aquí para lastimar o hacer daño a nadie; a menudo se quedan por razones muy personales. Es posible que hayan muerto justo antes de emprender una acción importante o completar una tarea decisiva. En este caso, pueden quedarse con la esperanza de poder completar su misión de alguna manera, a pesar de que ya no tienen un cuerpo. Si sufrieron una muerte repentina o traumática, puede que no hayan tenido tiempo de procesar completamente el hecho de que han muerto. Es posible que estén esperando «despertarse» de nuevo, sin darse cuenta de que es hora de que abandonen este plano.

Algunos espíritus terrestres pueden sentir un fuerte deber u obligación con las personas que están dejando atrás, por ejemplo, un esposo que deja atrás a una viuda o una madre que deja atrás a un hijo. Estos espíritus se quedan con la esperanza de proteger a sus seres queridos y ampliar el papel que desempeñaron cuando estaban vivos en la tierra. Los espíritus que causaron daño mientras estaban vivos pueden ser reacios a marcharse porque sienten vergüenza, o tal vez temen encontrarse con los espíritus de aquellos a quienes lastimaron.

A veces estos espíritus terrestres hacen la transición por su cuenta; a veces necesitan un poco de ayuda de los vivos para seguir adelante. El siguiente ejercicio te enseña de qué manera puedes ayudar a estos espíritus persistentes a cruzar hacia el otro lado.

Ejercicio: Rituales de liberación

Las técnicas para ayudar a los espíritus terrestres a completar su viaje al otro lado varían según las razones que tengan para quedarse. Utiliza tu conocimiento sobre los antepasados en cuestión para deducir lo mejor que puedas cuáles son sus razones para quedarse; a continuación, utiliza la técnica correspondiente para ayudar a facilitar su tránsito.

Asuntos pendientes: si sospechas que tu antepasado se está demorando a causa de asuntos pendientes, pregúntate si puedes ayudarle a completar esa tarea de alguna manera, ya sea física o simbólicamente. Por ejemplo, si tu antepasado siempre quiso ver el mar, haz un viaje allí tú mismo y deja una ofrenda en su nombre. Si tu antepasado murió en medio de un proyecto importante, escribiendo una novela u organizando las fotos familiares, encuentra una manera de completar ese proyecto lo mejor que puedas.

Shock: Los antepasados que murieron repentina e inesperadamente todavía pueden estar en estado de shock. Si es posible, ve al lugar donde murieron y cuéntales la historia de lo que les sucedió. Hazles saber en términos inequívocos que su cuerpo se ha ido y que son libres de marcharse al otro mundo. Incluso puedes mostrarles un artículo de periódico, un obituario o una esquela como «prueba» de que han muerto.

Deber: Si sospechas que tu antepasado se queda por un sentido del deber, pregúntate qué puedes hacer para asegurarle que los que está dejando atrás estarán bien si se va. Por ejemplo, ten una conversación larga y sincera para decirle que aprecias su amor y protección. Asegúrale que estarás bien y pídele que complete su transición. También puedes comprometerte a cuidar a aquellos por quienes puede estar preocupado, como una viuda o un niño.

Vergüenza o miedo: Si sabes de una acción negativa que tu antepasado realizó mientras estaba aquí en la tierra, es posible que puedas tomar medidas en su nombre para mejorar las cosas. Por ejemplo, si tu antepasado fue violento con las mujeres, dona dinero de su patrimonio a un refugio para mujeres. Si un antepasado le guardaba rencor a un vecino desde hacía mucho tiempo, comunícate con esa persona y expresa tus mejores deseos de felicidad y salud. Por supuesto, no es tu trabajo «arreglar» las malas acciones de tus antepasados, pero puedes permitirles que trabajen a través de ti para hacer las paces dentro de los límites apropiados.

Capítulo 12

Mensajeros ancestrales

Como vimos en el capítulo 5, hay varios canales a través de los cuales puedes sintonizar con los mensajes ancestrales. Puedes percibir estas voces espirituales como visiones o imágenes, como sonidos, como sensaciones o como intuiciones y revelaciones. Pero no importa de qué forma recibas estos mensajes, debes poder interpretarlos de una manera que tenga significado para ti.

En este capítulo, exploraremos otras dos formas de sintonizar con las voces de los espíritus: los mensajeros animales y los mensajeros de los sueños. A continuación, analizaremos las prácticas que pueden ayudarte a interpretar los mensajes que transmiten.

MENSAJEROS ANIMALES

Una de las maneras más comunes en que llegan las voces espirituales de los antepasados que han muerto hace poco es en forma de animales. Cuando los animales aparecen de una manera inusual o aparecen repetidamente dentro de un corto período de tiempo, a menudo es porque los antepasados están tratando de comunicarse con nosotros. Si alguna vez has perdido a un ser querido, quizá hayas sentido que su espíritu te estaba enviando un mensaje al ver un pájaro, una mariposa u otra criatura actuando de una manera inusual, especialmente si la persona tenía simpatía por ese animal. Puede ser que veas al animal en la realidad o en sueños. O quizá lo veas en obras de arte, anuncios y otros lugares de tu entorno visual.

Una paciente mía quedó destrozada cuando murió su querida abuela. Al día siguiente del funeral, mientras estaba sentada en su patio, una paloma se posó sobre la mesa. Cuando la miró, algo en ella sabía que su abuela había enviado a esta preciosa criatura. La apariencia de la paloma le dio a entender que su abuela estaba bien. Apareció durante los siguientes tres días, aterrizando en la misma mesa cada vez que se sentaba allí.

Una pareja que conozco tuvo una experiencia muy intensa con un mensajero animal después de que su hijo, Cooper, muriera en un trágico accidente. A pesar de que sólo tenía cuatro años, se convirtió en un antepasado una vez que pasó al reino espiritual. En las semanas posteriores a su muerte, la fe que tenían en Dios desapareció por completo. Estaban desconsolados por el dolor, tratando de adaptarse a la vida sin su único hijo.

Unos cuatro meses después de la muerte de su hijo, mientras conducía de camino a su casa desde el trabajo, el padre le pidió a Cooper que le enviara una señal para hacerle saber que su espíritu estaba cerca. Cuando estacionó en su camino de entrada, se sorprendió al ver a un halcón adulto sentado allí. Al salir de su camioneta, una voz interior le dijo que se sentara y extendiera la mano al pájaro. Cuando lo hizo, el halcón caminó hacia él y se posó a sólo unos centímetros de su mano. Ni él ni el halcón parecían tener miedo en absoluto. De hecho, era como si fueran dos almas gemelas sentadas mirándose la una a la otra con completo asombro.

El hombre llamó a su esposa para que viniera a ver lo que estaba pasando. Ambos estaban asombrados por el hecho de que una criatura como un halcón les permitiera acercarse tanto. Después de que éste se fuera volando, investigaron un poco sobre este tipo de aves y descubrieron que aquel tipo de halcón a menudo se conoce como gavilán de Cooper. Este pájaro reapareció varias veces a lo largo de los años, reconfortándolos al saber que el espíritu de Cooper estaba cerca.

Los pájaros y las mariposas parecen ser los animales más comunes que usan los antepasados cuando quieren hacer oír sus voces espirituales, aunque un amigo mío me contó que un delfín nadó cerca de la costa justo a su lado mientras caminaba por la playa después de la muerte de su padre. Estos animales no son reencarnaciones de seres queridos fallecidos; más bien, son mensajeros o mensajeros del mundo de los espíritus. Los mensajes que transmiten suelen ser bastante simples y directos; por ejemplo, hacerte saber que tus seres queridos están bien y felices tras su muerte. Al fin y al cabo, no tienen cuerpos con los que lidiar, al menos no hasta que sus almas decidan reencarnarse.

En nuestra frenética vida moderna, a veces olvidamos prestar atención a nuestros hermanos y hermanas en el reino animal, o incluso los excluimos, hasta que nos envían un mensaje que no podemos ignorar. El siguiente ejercicio puede enseñarte a prestar más atención a la manera en que las aves y otros animales pueden aparecer en tu vida, tanto si has perdido recientemente a un ser querido como si no.

Ejercicio: Reconocer a los mensajeros animales

La próxima vez que un pájaro, una mariposa u otro animal te llame la atención, deja de hacer lo que estás haciendo y obsérvalo durante unos minutos en lugar de volver inmediatamente a la tarea en cuestión. Si es un pájaro, escucha atentamente su canto. Tal vez puedas aprender a reconocerlo por su sonido, incluso si no puedes verlo. Si es una mariposa, investiga un poco sobre sus etapas de vida y aprende a reconocer su oruga y crisálida.

Poco a poco, ve desarrollando tu conocimiento de las aves y los animales que habitan en tu entorno hasta que puedas identificar sin problemas una docena o más. Cuanto más aprendas sobre los animales de tu entorno, más probable será que reconozcas y aprecies los muchos regalos que te traen, incluidos los mensajes de tus antepasados.

MENSAJEROS DE LOS SUEÑOS

A medida que trabajas con tus antepasados, es posible que comiencen a aparecer con más frecuencia en tus sueños, entregándote mensajes o simplemente expresando su gratitud por el trabajo que estás haciendo para sanar tus patrones ancestrales. También puedes tener sueños, relacionados con los patrones ancestrales específicos que estás trabajando, que te muestren los pasos precisos que debes seguir para sanar.

Una mujer que participó en uno de mis talleres de sanación ancestral pasó gran parte del día trabajando con el espíritu de su abuelo. Me dijo que cuando fue a su casa esa noche, tuvo un sueño en el que caminaba por el bosque y vio una fogata a lo lejos. Había un círculo de personas sentadas alrededor del fuego, entre ellas un anciano que le daba la espalda. Cuando se acercó, se dio cuenta de que este hombre era el abuelo con el que había trabajado a fondo en el taller. Al acercarse a pocos metros de él, su abuelo se dio la vuelta y la miró directamente, diciendo: «Gracias. Ahora puedo sentarme en el círculo». Ella sintió un amor por él que nunca había experimentado antes y sabía que él estaba agradecido por la energía sanadora que le había enviado ese día. Su voz espiritual le había llegado a través de su sueño.

He tenido sueños en los que recibía mensajes de antepasados fallecidos hacía poco, entre ellos mi padre, mi madre, mi hermano y un sobrino que murió a los doce años. Mi padre a menudo aparece en mis sueños para hacerme saber que está trabajando en mi nombre entre bastidores. Él está ahí para apoyarme, guiándome, aconsejándome, a veces de maneras que no siempre reconozco, y a veces de maneras de las que soy muy consciente. También cuida a mis hijas. Una vez me dijo en un sueño que se sentía mal por haber abusado de la bebida y por haber tenido un comportamiento autodestructivo mientras estaba en la Tierra. Oír esas palabras me derritió el corazón y experimenté una sensación inusual de perdón total e inmediato. Aunque le había guardado rencor a mi padre durante muchos años por su alcoholismo, este sueño me ayudó a darme cuenta de que había sufrido mucho, pero lo había soportado en silencio, oculto bajo su tosco exterior machista.

Cuando los antepasados te visitan en sueños, no siempre hablan con palabras que puedas entender. A veces usan gestos o símbolos para comunicarse o pueden pronunciar frases que parecen no tener sentido hasta que te tomas el tiempo para reflexionar sobre ellas más adelante. Los antepasados pueden aparecer en tus sueños con la edad que tenían cuando murieron, o pueden parecer más jóvenes o mayores. A veces, el significado de un sueño quedará claro de inmediato. Cuando esto sucede, puede inspirarte a actuar basándote en el mensaje, o simplemente a hacer un gesto de gratitud a los antepasados por hacer oír su voz espiritual. Pero a veces los sueños sólo tienen sentido días o semanas después. Cuando esto suceda, sólo confía en que su significado se acabará revelando si mantienes tus canales de comunicación abiertos. Y asegúrate de sintonizar con todos tus canales de percepción para obtener pistas adicionales.

DIARIOS DE SUEÑOS

Los diarios de sueños se han utilizado desde la antigüedad para registrar los detalles de los sueños antes de que caigan en el olvido. Entre 1190 y 1232 d. C., un monje japonés llamado Myōe registró todos sus sueños en un pergamino que ahora se encuentra en el Museo Metropolitano de Arte Moderno de la ciudad de Nueva York. Uno de estos sueños relata un encuentro con una deidad en Kasuga Taisha, un santuario sintoísta, e incluye el boceto de unas montañas. Algunos científicos creen que las famosas pinturas rupestres de Lascaux pueden ser en realidad el ejemplo más antiguo conocido de un diario de sueños, y que los sueños, de hecho, ayudaron a los humanos a evolucionar a los seres sofisticados en los que nos hemos convertido.

El trabajo ancestral a menudo tiene el efecto de propiciar sueños más frecuentes y significativos sobre los antepasados en los que has estado trabajando o sobre antepasados que quizás no hayas registrado. En otras palabras, es muy probable que hacer los ejercicios de este libro te haga tener más sueños sobre tus antepasados, y las voces espirituales que surgen en estos sueños pueden inspirarte a concentrarte en ciertos tipos de trabajo de sanación. Llevar un diario de sueños puede ayudarte a identificar patrones a lo largo del tiempo y a descifrar poco a poco los mensajes que, quizá, te resulten misteriosos al principio.

Ejercicio: Llevar un diario de sueños

Elige un cuaderno que usarás sólo con el propósito de registrar tus sueños y guárdalo al lado de tu cama. La próxima vez que sueñes con un antepasado, escribe tantos detalles como puedas recordar tan pronto como te despiertes. ¿Aparecían con la edad a la que murieron? ¿Eran más jóvenes? ¿O más viejos? ¿Cuál era su estado emocional? ¿Qué estaban haciendo? ¿Te hablaron o realizaron algún gesto? Ten en cuenta cualquier interpretación preliminar que tengas del sueño. ¿Tiene un significado obvio? ¿O el sueño te dejó buscando respuestas?

Anota la fecha y la hora de tus sueños y también anota si habías estado pensando en esos antepasados o trabajando con ellos mediante alguna de las prácticas de este libro. Esto puede ayudarte a identificar qué prácticas tienen más probabilidades de dar lugar a sueños para que puedas usarlas con más frecuencia, si ésa es tu intención.

Revisa tu diario de sueños con regularidad. ¿Ciertos antepasados aparecen con más frecuencia que otros? ¿Trabajar con una determinada práctica da como resultado más visitas que otras? ¿Cuál es el mensaje principal que tus antepasados están compartiendo contigo a través de tus sueños? Escuchar las voces espirituales de tus antepasados en sueños y comprender su significado puede ayudarte a avanzar hacia la sanación de patrones ancestrales.

Capítulo 13

Los cuatro regalos

Como vimos en el capítulo 11, muchas culturas reservan uno o más días especiales durante el año para honrar a sus antepasados: el Festival de los Fantasmas Chinos y el Día del Barrido de Tumbas, el Festival Budista Bon, la celebración hindú de Pitru Paksha, la observancia cristiana del Día de los Difuntos, el antiguo Festival Celta de Samhain y el Día de Muertos mexicano, por nombrar sólo algunos. En estos días, los descendientes honran a los muertos cuidando sus tumbas, llevándoles ofrendas o dedicándoles altares domésticos.

Algunos honran a sus muertos en el aniversario de su muerte o en su cumpleaños, en lugar de en un día festivo específico. La viuda de mi hermano visita su tumba cada año para su cumpleaños, a veces acompañada por sus hijos y nietos. Siempre le lleva un poco de su vino favorito, sirve una copa para cada uno y hace un brindis por él. ¡También le lleva uno de sus platos favoritos para que sea una verdadera celebración!

Independientemente de la tradición cultural que sigas, o de la fecha en la que elijas honrar a los difuntos, hay cuatro regalos que los antepasados quieren recibir de ti en tus rituales de veneración: reconocimiento, validación, comprensión y perdón. Si les ofreces estos cuatro dones, tratarán de ayudarte de tantas maneras como sea posible, sirviendo como guías espirituales y maestros, y actuando como dadores y receptores de sanación. Aunque al principio te resulte difícil ofrecer estos regalos a tus antepasados (o al menos a ciertos antepasados), descubrirás que se vuelve mucho más fácil a medida que trabajas para liberar patrones ancestrales y sanar viejas heridas.

Echemos un vistazo a cada uno de estos regalos con más detalle.

Reconocimiento significa aceptar y afirmar la verdad de tus lazos genéticos y/o espirituales con tus antepasados, aunque no te gusten o no apruebes todo lo que hicieron. Puedes reconocer a tus antepasados recordando su cumpleaños y el día de su muerte, manteniendo viva su memoria en la conversación, mostrando fotos de ellos en tu casa o encontrando otras maneras de afirmar que existieron y siguen existiendo a través de ti.

Validación significa afirmar que los esfuerzos de tus antepasados no fueron en vano. Por ejemplo, si tus tatarabuelos fueron empleados analfabetos que trabajaron a destajo para que tus bisabuelos pudieran ir a la escuela y aprender a leer, puedes ofrecerles validación expresando tu gratitud por tu propia alfabetización. También puedes ofrecerles validación manteniendo los valores que compartes con ellos, por ejemplo, generosidad, honestidad o una sólida ética de trabajo.

Comprensión significa hacer todo lo posible para entender el contexto social, histórico y económico en el que vivieron tus antepasados y apreciar las decisiones que tomaron, incluso si esas decisiones te parecen erróneas. Entabla un diálogo con ellos y hazles saber que percibes sus razones para hacer las cosas que hicieron, en el contexto del mundo en el que vivían.

Perdón significa dejar de lado cualquier ira, resentimiento o mala voluntad que puedas haber tenido hacia un determinado antepasado o grupo de antepasados. El perdón a menudo sigue de cerca la estela de la comprensión, porque la comprensión profundiza tu compasión. Puedes expresar tu perdón a tus antepasados afirmando con regularidad que los liberas de cualquier juicio que hayas tenido sobre ellos en el pasado.

Tu capacidad para hacer realidad estos cuatro dones aumentará cuanto más trabajes con la sanación ancestral. El siguiente ejercicio puede ayudarte a desarrollar tu propia práctica de veneración de los antepasados que combine los cuatro.

Ejercicio: Ofrecer los cuatro regalos

Empieza fijando una fecha y hora para honrar a tus antepasados. Esto puede ser tan a menudo como todos los días o tan poco frecuente como una vez al año; por ejemplo, en un aniversario significativo o un cumpleaños. Luego, decide dónde les rendirás homenaje: cerca de un altar ancestral en tu casa, o en un cementerio o sitio histórico, o en otro lugar que te parezca adecuado.

Elige cuatro objetos pequeños para representar el reconocimiento, la validación, la comprensión y el perdón; por ejemplo, una cucharadita de tierra de algún terreno familiar, una flor, un trozo de tela, un collar de cuentas, un sello postal antiguo o un billete de viaje. Coloca estos cuatro objetos en tu altar o junto a la tumba, uno por uno. Al hacerlo, recuerda las cualidades de reconocimiento, validación, comprensión y perdón descritas anteriormente. Dirige unas palabras a tus antepasados para hacerles saber que les estás ofreciendo estos regalos. Al hacer tu ofrenda, toma conciencia de que tus esfuerzos se extienden hacia atrás y hacia adelante por toda tu línea familiar.

Concluye tu ritual con cualquier gesto o palabra que te parezca significativa y registra la experiencia en tu diario.

REZAR POR LOS ANTEPASADOS

La palabra «rezar» a menudo se asocia con religiones organizadas como las que se practican en una iglesia, una sinagoga o una mezquita. Pero la oración es, de hecho, cualquier discurso de adoración que invoque las cualidades divinas del amor, el perdón, la sanación y la compasión. No tienes que pertenecer a ninguna religión o tradición espiritual en particular para rezar. De hecho, las oraciones que escribes tú mismo, o las que surgen espontáneamente, son a menudo las más poderosas.

Las oraciones pueden incluir los cuatro dones descritos anteriormente. Se pueden ofrecer como una efusión de benevolencia y comprensión, como un acto de perdón, como reconocimiento y validación, o como sanación. Cuando rezas, afirmas tu propia capacidad para efectuar el cambio a través de tu energía amorosa y tus intenciones positivas. Aunque puedes comenzar el siguiente ejercicio rezando por un antepasado específico, pronto te verás expandiendo tus oraciones para incluir a todos los antepasados, tanto conocidos como desconocidos. De cualquier manera, experimentarás los tremendos beneficios de invocar los cuatro dones que elevan tu propio espíritu, incluso cuando los ofreces a tus antepasados.

Ejercicio: Ofrecer una oración ancestral

Adopta una postura que te parezca reverente: arrodillado, inclinado, de pie o con las palmas de las manos extendidas hacia arriba. Toma unas cuantas respiraciones profundas y deja que tu mente y corazón se asienten. Permite que tu yo superior tome las riendas. Confía en que tu ser superior te proporcionará las palabras adecuadas para tu oración.

Cuando estés preparado, comienza a hablar, ya sea en silencio o en voz alta, ofreciendo los cuatro regalos a cualquier antepasado que elijas. Puedes nombrar a antepasados específicos o ampliar el alcance de tu oración. Si lo deseas, puedes solicitar la sanación de aspectos específicos, o puedes dejar tu oración abierta.

Si sientes la necesidad, puedes concederle tu perdón a un antepasado específico o a tus antepasados en general por cualquier dolor que hayan causado. También puedes pedir su protección y orientación a lo largo de tu vida, o expresar tu gratitud por los regalos que te han dado.

Permítete hablar libremente, sin vacilación ni autocensura. Siéntete como un conducto para las cualidades del amor, el perdón y la gratitud. Cuando sientas que tu oración está completa, haz un gesto ritual que te parezca significativo, como hacer una reverencia, dar una palmada o decir «Así sea».

Ejercicio: Oración a los antepasados

Esta bonita oración fue escrita por T. M. Lawson olo Obatala. La he adaptado y acortado para este libro:

Ofrezco luz para todos mis antepasados cuyos nombres conozco y para todos los que no conozco.

Ofrezco oración y protección para aquellas almas ancestrales que están en la oscuridad, olvidadas o perdidas. Dejad que la luz que os ofrezco desvanezca las sombras del miedo.

Que la luz que ofrezco sea un rayo de esperanza y sirva como un escape y escudo protector de las sombras de la desesperación.

Ofrezco amor, compasión y consuelo a esas almas ancestrales que sufren y están deprimidas.

Ofrezco sanación a todos los niveles espirituales para aquellos antepasados que sufrieron abusos, aflicción, engaños, esclavitud, odio, soledad, traición, negligencia, opresión, dolor, tristeza o traumas.

Que la luz que ofrezco a sus almas inspire clemencia, liberación, fe, amor y armonía a partir de hoy.

Ofrezco perdón a las almas ancestrales que quieren arrepentirse sinceramente por el error de sus caminos en los ámbitos de la vida y la muerte.

Además, perdono a aquellos antepasados que cometieron errores que han condenado a su línea generacional a la esterilidad.

Y perdono a aquellos antepasados por cuyos pecados del pasado he tenido que sufrir como consecuencia de su propia ingenuidad, ignorancia o de sus peores hábitos y rasgos. Deja que la luz que ofrezco sirva como un recordatorio para que los que estamos en el mundo viviente reconozcamos y aprendamos a no cometer los mismos errores que aquellos que vivieron antes que nosotros.

En todos los sentidos, perdono a aquellos antepasados que más lo necesitan, para que sus almas abracen con gratificación positiva una nueva y mejorada forma de vivir en el reino espiritual, y para que esas almas se eleven en paz y despierten a la vida eterna.

Que hoy sea el comienzo de un proceso de sanación continua para todos mis guías ancestrales.

Que se libere cualquier patrón de energía genética bloqueada y negativa.

Mientras vosotros, los Ancestros, sanáis en el otro lado, os pedimos que nos perdonéis como habéis sido perdonados. Ayudadnos a sanar con energía positiva y progresiva que fluya libremente para el bienestar de todos.

Capítulo 14

Devolver el favor

Tengo una amiga que es una curandera cherokee. Cada mañana durante los últimos treinta años, ha salido al terreno de su rancho y se ha comunicado con sus antepasados. Gracias a esta práctica, se ha dado cuenta de que gran parte de lo que somos hoy comenzó a tomar forma hace muchas vidas. Pensamos en nuestras vidas como propias, pero las semillas de esas vidas se plantaron con las acciones y reacciones de las generaciones anteriores. Además, se ha dado cuenta de que las vidas de las generaciones futuras estarán formadas por todos los que vivimos hoy. «Lo que se sana dentro de uno se hace presente y disponible para todos», enseña, «y con cada sanación, con cada liberación de dolor, heridas, enfermedades, ira y desesperación, la luz entrará para encontrar su lugar».

Estas palabras me recuerdan que todos tenemos el poder de bendecir a las generaciones futuras para que hereden de nosotros la luz en lugar del dolor. A menudo, cuando pensamos en transmitir cosas a nuestros descendientes, pensamos en casas, dinero y otras propiedades. Pero olvidamos que también somos responsables de transmitir un legado de dolor o una herencia de amor. Cuanto más podamos curar nuestras propias heridas en esta vida, menos heridas pasaremos a las generaciones futuras, y la energía sanadora que cultivamos estará disponible para ellas.

Muchas tradiciones espirituales cuentan con rituales para bendecir a los niños recién nacidos. El siguiente ejercicio se basa en esa práctica y te muestra cómo bendecir a todas las generaciones venideras y renovar tu compromiso de dejarles sólo luz.

Ejercicio: Bendecir a las generaciones futuras

Siéntate en un lugar tranquilo y cómodo y cierra los ojos. Si tienes hijos, visualízalos sentados frente a ti. Si no tienes hijos propios, puedes visualizar a cualquier niño. Luego imagina a tus nietos reales o potenciales sentados detrás de ellos, y a tus bisnietos reales o potenciales sentados detrás de ellos. Visualiza tantas generaciones futuras como puedas extendiéndose por delante de ti como olas, sin un final a la vista.

Evoca un sentimiento de amor intenso. Siente que todo tu cuerpo se llena con esta energía totalmente benévola. Levanta las manos con las palmas hacia afuera y envía esta energía amorosa a las generaciones futuras. Visualiza a estas generaciones de niños sanos, felices y libres del dolor de sus antepasados.

Ten por seguro que cualquier luz y sanación que generes en tu propia vida los beneficiará.

SIEMBRA DE PATRONES POSITIVOS

El trabajo ancestral a menudo implica mucho dolor y catarsis a medida que descubres secretos y lamentas el dolor causado por viejas heridas. Pero este trabajo también puede ser muy alegre, porque te recuerda todos los increíbles dones que se han transmitido a través de tu línea familiar, dones que tienes la oportunidad de transmitir a tus propios descendientes. En los años que he estado trabajando con mi padre como antepasado, he tenido experiencias increíbles de amor, lealtad y aliento que a veces le resultaba difícil transmitir cuando estaba vivo. También he comenzado a prestar más atención a los rasgos positivos que heredé de mis padres, así como de antepasados más atrás en el tiempo, y a considerar las semillas que me gustaría plantar en mi propio linaje.

Incluso si vienes de una familia muy disfuncional, probablemente heredaste algunos rasgos positivos, tal vez coraje, autosacrificio, frugalidad o generosidad. Tal vez tus patrones ancestrales incluyan habilidades prácticas que sean útiles y beneficiosas tanto para ti como para los demás, como saber arreglar vehículos, preparar comidas deliciosas o hablar tres idiomas. Tal vez poseas rasgos físicos como la fuerza o la belleza. Cuanto más prestes atención a estos rasgos positivos y habilidades útiles, más podrás cambiar tu relación con tus antepasados para pasar de la tristeza a la compasión o incluso a la gratitud. También puedes comenzar a contar una historia nueva sobre tu familia que abra nuevas posibilidades para las generaciones futuras.

Las historias que escuchamos de niños sobre nuestros antepasados tienen un tremendo impacto en cómo nos vemos a nosotros mismos. Aquellos que oyen que sus antepasados fueron crueles o estúpidos, o que su árbol genealógico está plagado de maldiciones intratables, pueden crecer sin esperanza ni autoestima. Al enfatizar los aspectos positivos de nuestro linaje, al tiempo que reconocemos el trabajo de sanación que aún queda por hacer, podemos allanar el camino para que las generaciones futuras se conviertan en antepasados amorosos que, a su vez, continuarán sanando la línea familiar. Una forma de hacerlo es a través de afirmaciones ancestrales positivas.

Ejercicio: Afirmaciones ancestrales positivas

Si has pasado tu vida centrándote en los aspectos negativos de tu herencia familiar, puedes sembrar nuevas verdades creando afirmaciones que enfaticen las energías positivas que existen en tu linaje. Pregúntate qué te gustaría que fuera verdad sobre tu familia y todos tus futuros descendientes, a partir de hoy.

Para comenzar, crea una lista de tres a seis cualidades que más quieras propagar en tu línea familiar, por ejemplo, lealtad, amor y alegría de vivir. Luego crea afirmaciones simples que describan lo que quieres que las generaciones futuras puedan decir sobre su familia, por ejemplo: «Mi gente es leal» o «Vengo de una familia afectuosa».

Repite estas afirmaciones todos los días. Deja que se arraiguen en tu conciencia e imbuye tus acciones con esta energía. Toma conciencia de que estás ayudando a crear un futuro mejor para las generaciones venideras.

Capítulo 15

Antepasados espirituales y territoriales

Hasta ahora, nos hemos centrado en los antepasados de tu familia biológica y/o adoptiva. Éstos son los antepasados con los que estás vinculado por naturaleza, crianza o ambos, y cuya influencia en tu propia vida es la más fácil de ver. En este capítulo final, quiero ampliar nuestra discusión para incluir a los antepasados espirituales y territoriales, aquellos con quienes estás vinculado por una profunda resonancia espiritual o por haber vivido en la misma tierra. Al igual que tus antepasados biológicos, estos antepasados pueden tener una gran influencia en tu vida. Pueden servir como guías, mentores y fuentes de inspiración. Echemos un vistazo a cada uno de estos tipos de antepasados y exploremos cómo puedes comunicarte con ellos para beneficiarte de sus dones.

ANTEPASADOS ESPIRITUALES

Los antepasados espirituales son aquellos con quienes sientes una conexión muy fuerte, a pesar de no tener un vínculo genético contigo, o aunque provengan de una tierra o cultura completamente diferentes. Por ejemplo, una amiga irlandesa que se inició como *sangoma* desarrolló un fuerte vínculo espiritual con un chamán africano que se convirtió en su mentor y guía. Aunque éste murió, ella todavía mantiene una relación activa con él.

Yo mismo he sentido un vínculo muy fuerte con la gente y la tierra de Australia, en particular con las culturas indígenas que han existido allí durante más de sesenta mil años. La primera vez que visité Australia, hace muchos años, me fascinó el didyeridú, un instrumento aborigen que produce un sonido profundo y rítmico salpicado de armónicos. Tras varios meses intentando aprender a tocar este singular instrumento, escuché una voz en mi interior que susurraba: «Relájate. Sólo respira. Ya vendrá». Después de mi sorpresa inicial, me di cuenta de que esta voz espiritual era la de un guía espiritual aborigen. Aunque nunca logré saber su nombre con certeza, continuó aconsejándome hasta que mi forma de tocar mejoró. Ahora considero que este espíritu de ayuda es un antepasado espiritual.

Si alguna vez has sentido una fuerte atracción hacia una determinada tierra o cultura, o hacia una tradición espiritual diferente a aquella en la que naciste, es probable que tengas antepasados espirituales que esperan conocerte. A veces, estos impulsos internos pueden ser tan fuertes que te sientas obligado a viajar a un país diferente o participar en un curso de estudio o capacitación que te llame desde fuera de tu propia cultura. El siguiente ejercicio puede ayudarte a conectar con esos antepasados.

Ejercicio: Conocer a tus antepasados espirituales

Escribe en tu diario sobre cualquier conexión que sientas con otra tierra o cultura. Describe en detalle cómo te hace sentir cuando piensas en esa área geográfica o tradición, y de qué manera te sientes conectado, ya hayas visitado ese lugar o no. ¿Has tenido sueños en los que ibas vestido con la ropa de ese lugar o tradición? ¿Te has sentido atraído por maestros espirituales de otros linajes? ¿Prefieres la música o la comida de otra cultura?

Intenta emprender un viaje chamánico con la intención de conocer a tus antepasados espirituales de otras culturas, siguiendo las instrucciones básicas que se dan en el capítulo 8.

ANTEPASADOS TERRITORIALES

En muchas culturas, se cree que los Ancianos, los espíritus ancestrales más antiguos, se expresan como seres naturales que aún habitan ciertas regiones. Estos antepasados territoriales habitan un área geográfica concreta, como una cordillera o un valle. Pueden aparecer como espíritus guardianes de la tierra en la que habita su gente. Por ejemplo, para los irlandeses, un roble no es «sólo» un árbol, también es un espíritu ancestral que está fuertemente conectado con su tierra natal. Los aborígenes de Australia consideran que Uluru, un gran monolito de arenisca, es el hogar de los antepasados.

Debido a que la sociedad moderna es tan móvil, muchos de nosotros no fuimos criados en la misma tierra en la que vivieron nuestros antepasados biológicos. Sin embargo, es importante que respetemos y honremos a los antepasados territoriales que habitan la tierra en la que vivimos, tanto si se presentan como seres espirituales como si son expresiones físicas. Es probable que estos antepasados nos estén influyendo, lo sepamos o no. Puedes averiguar quiénes son tus antepasados territoriales leyendo, realizando investigaciones en internet y preguntando a las personas de tu entorno que tengan una conexión profunda con la tierra que habitas.

Este último ejercicio puede ayudarte a conectar con tus antepasados territoriales.

Ejercicio: Bendecir la tierra

El objetivo de esta ceremonia es ofrecer amor, compasión y otras energías sagradas a un fragmento de tierra invocando a tus antepasados territoriales, así como a cualquier otro que esté dispuesto a ayudar.

Puedes hacer esto en tu casa o en un espacio público, siempre y cuando te concentres en el terreno en sí, no en los edificios o estructuras que se han construido sobre él. Utiliza este ritual para bendecir la tierra sobre la que caminas, ya sea el lugar donde vives, donde trabajas o un lugar especial donde pasas tiempo. Puedes hacerlo solo o en grupo.

Para realizar esta bendición, necesitarás:

- Hierbas secas adecuadas para quemar, como romero o hierba santa
- Tabaco suelto, preferiblemente orgánico
- Un recipiente con un litro de agua, preferiblemente de vidrio o cerámica

- Un paño suave
- Un recipiente ignífugo
- Un encendedor o fósforos

Coloca las hierbas secas, el tabaco y el recipiente con agua sobre el paño. Levanta las manos con las palmas abiertas en una posición de recepción y pide a los antepasados que ayuden a todos los presentes a llenarse de tanta luz y amor como sea posible. Mantén esta posición, respirando la energía canalizada a través de los antepasados por unos momentos.

Comienza a caminar lentamente por la tierra que quieres bendecir. Al hacerlo, recuerda a los antepasados que vivieron allí antes que tú. Pídeles que te ayuden a aprender a vivir en la tierra de manera adecuada y a mantenerte receptivo a su orientación.

Cuando hayas terminado de caminar, vuelve al paño y rocía el agua por el suelo, ofreciendo tu gratitud. Coloca las hierbas en el recipiente ignífugo y luego enciéndelas con un encendedor o fósforos. Deja que el humo flote por encima de ti y de la tierra. Por último, espolvorea el tabaco en el suelo como muestra de tu respeto.

Conclusión

Muchos años después de embarcarme en mi viaje de sanación ancestral, visité a una colega chamánica que me preguntó si quería que me guiara en un viaje chamánico. En ese momento ya conocía los tremendos beneficios de estos viajes, así que asentí con entusiasmo. Entramos en la habitación que había reservado para este fin. Se sentó en el suelo a mi lado mientras yo me acostaba con los ojos cerrados.

Mi guía comenzó a tocar un ritmo constante en un precioso tambor de mano y pronto me sentí a la deriva en un estado alterado de conciencia. Unos minutos más tarde, estaba sentado delante de ella mientras ella me abrazaba por detrás. Relajarme sobre su cuerpo tan maternal desencadenó un recuerdo profundo, para el que no tenía palabras en ese momento. Sentí que regresaba espontáneamente a la infancia, luego tuve una sensación muy desagradable en el cuerpo, como si me estuviera muriendo. Mi alma salió de mi cuerpo infantil y me pareció que entraba en un túnel de luz. Me apresuré a llegar a la abertura del otro extremo del túnel y, cuando finalmente llegué, vi a un antepasado muy viejo con el pelo largo y gris y una sonrisa afectuosa en su rostro, esperándome.

Me sentí aliviado de que este antepasado hubiera venido a ayudarme a pasar al otro lado, pero cuando llegué hasta él, se inclinó hacia mí y levantó la mano derecha, con el dedo índice apuntando hacia arriba. Luego movió la mano de un lado a otro haciendo el gesto universal de «No». Me miró directo a los ojos y dijo muy claramente: «¡Aún no!». Esto me sorprendió y decepcionó y le supliqué, diciéndole que no quería volver. Una vez más, con aquella sonrisa en el rostro, se inclinó y repitió: «¡Aún no!».

Lo intenté por tercera vez sin éxito, luego finalmente me di la vuelta y volví por donde había venido. Regresé a mi cuerpo sintiéndome muy triste y decepcionado.

En ese momento, mi guía me acunaba como si fuera un niño. Estaba muy agradecido por su afectuoso cuidado. Yo sollozaba con más intensidad que nunca en mi vida, liberando el dolor y el sufrimiento que mi alma sabía que sería parte de regresar a esta encarnación llamada Steven Farmer.

Al principio no entendía por qué había sucedido eso, pero luego me di cuenta. Recordé que mi madre me había dicho en más de una ocasión: «¡Casi te perdemos!». Me contó que cuando tenía unos cinco meses de edad, contraje una neumonía doble. Como mis padres ya estaban muertos entonces, no podía pedirles que verificaran si técnicamente había muerto o no, pero en mi interior sé que así fue. Aquello explicaba muchas cosas: cómo una iniciación a una experiencia cercana a la muerte a una edad tan joven y tierna había sentado las bases para mi trabajo futuro. También abrió nuevas dimensiones de comprensión en cuanto a la relación con mis padres, que habían sufrido el trauma de casi perder a un hijo.

El trabajo de sanación ancestral es así. Justo cuando crees que entiendes tu historia, sale a la luz una nueva información con datos que tal vez se te hayan escapado antes. Puede que conozcas a nuevos antepasados o que profundices la relación con los que ya conoces. Y comienzas a considerar las vidas de las generaciones futuras en todo lo que haces. Aunque recorras este camino durante veinte años, siempre puedes aprender cosas nuevas. El pozo ancestral es de una profundidad infinita, y también lo es la cantidad de bien que puedes hacer trabajando con habilidad y sinceridad en prácticas sanadoras.

A medida que trabajes con las prácticas de este libro, ten en cuenta que tus experiencias con ellas evolucionarán con el tiempo. Las nuevas prácticas te llamarán; las viejas prácticas mostrarán nuevas profundidades. Los mensajes que pensabas que entendías revelarán nuevas capas de significado. Ten por seguro que siempre estás conectado con tus antepasados, sin importar cuán lejos estés de ellos por las barreras ilusorias del espacio y el tiempo. Si enfocas tu atención y abres tu corazón, siempre los tendrás cerca.

Que tú, tus antepasados y tus generaciones futuras os beneficiéis de tus intenciones sanadoras, así como tú te estás beneficiando de las suyas.

Agradecimientos

En primer lugar, me gustaría dar las gracias a todos los antepasados: tanto a aquellos que son de nuestro linaje más inmediato como a los más antiguos del mundo ancestral, cuyas vidas pueden haberse olvidado y aun así ejercer su influencia en nuestras vidas hasta el presente. Quiero dar las gracias especialmente a mi padre, Richard, y a mi madre, Helen, por traerme al mundo. Llegará un momento en el que yo también me convertiré en un antepasado, y quiero agradecer de antemano a mis dos hijas, Nicole y Catherine, así como a mis nietos, Jaden, Lila, Desmond y Golden, que me mantengan en sus recuerdos.

Además, quiero expresar mi agradecimiento al presidente de Hierophant Publishing, Randy Davila, y a su colega Peter Turner, porque fueron ellos quienes inspiraron esta revisión para que el presente libro llegue a muchas más personas, y al equipo editorial de Hierophant Publishing, específicamente a Hilary, Laurie y Grace, que hicieron un trabajo excelente para que este libro sea tan legible.

Bendiciones y gracias a mis muchos amigos y familiares que han servido para inspirar éste y otros trabajos con su amor, cuidado y ánimo. Sé y confío en que mi vida ha sido guiada por los Seres Espirituales que llamo mi «equipo», y sé sin lugar a dudas que no estaría aquí si no fuera por sus mensajes consistentes y poderosos, ideas e intervenciones ocasionales para mantenerme vivo y alineado con mi propósito. Estoy muy agradecido de haber tenido el privilegio de crear ésta y otras obras, y mi corazón se llena de alegría y gratitud por todos aquellos que han encontrado en ellas inspiración e información.

Apéndice A

Modalidades terapéuticas que apoyan el trabajo ancestral

Si los ejercicios de este libro reviven un trauma, emociones intensas o síntomas somáticos, te animo a buscar el apoyo de un terapeuta, consejero y/o trabajador corporal. A continuación, expongo las modalidades terapéuticas que recomiendo para favorecer el trabajo ancestral. Todas ellas se pueden combinar con los ejercicios de este libro.

Ésta es sólo una breve lista de opciones de tratamiento, pero hay otros que pueden resultar igual de efectivos. Investiga por tu cuenta. Habla con profesionales y amigos. Encuentra un método o combinación de métodos que te funcione. Ten en cuenta también que la efectividad de un método puede cambiar con el tiempo. Así que mantén una actitud abierta y no tengas miedo de probar algo nuevo.

HIPNOTERAPIA

La hipnoterapia es un conjunto de técnicas basadas en estados de trance inducidos por un profesional cualificado. Los hipnoterapeutas sugieren cambios sutiles, pero significativos, que están en consonancia con los deseos expresados por el paciente. Estos terapeutas pueden aplicar distintos métodos, pero todos se basan en la premisa de que esos cambios sugeridos se afianzan en el subconsciente y, a su vez, influyen en los pensamientos y el comportamiento conscientes de una persona. Puedes encontrar un hipnoterapeuta en tu zona consultando el sitio web de la Junta Nacional de Hipnoterapeutas Clínicos Certificados en ‹www.nbcch.com›.

EXPERIENCIA SOMÁTICA

La experiencia somática, desarrollada por Peter Levine y descrita en detalle en su libro *Curar el trauma*, se basa en la premisa de que el trauma vive en el cuerpo. Este tipo de terapia se centra en trabajar con los síntomas físicos que quedan de las experiencias traumáticas. Los pacientes reciben instrucciones para advertir las posturas y tensiones que aparecen en su cuerpo, y con la ayuda de los terapeutas pueden liberar y descargar poco a poco esas tensiones. Por ejemplo, si un hombre cuenta que le pegaban cuando era niño e inconscientemente levanta la mano frente a la cara como para protegerse de los golpes, el terapeuta se lo hará notar y le pedirá que repita ese gesto unas cuantas veces muy muy lentamente para darle a su cuerpo tiempo para descargar la energía que se ha almacenado.

Hice una capacitación de tres años en esta metodología y me pareció excepcional para profundizar mi comprensión de las experiencias traumáticas y sus efectos residuales. Aprendí muchas técnicas para tratar estas heridas. Para obtener más información sobre la experiencia somática, te recomiendo leer *Curar el trauma* o visitar la web de Somatic Experiencing International en ‹www.traumahealing.com›.

DESENSIBILIZACIÓN Y REPROCESAMIENTO POR MOVIMIENTOS OCULARES (EMDR)

La desensibilización y reprocesamiento del movimiento ocular, o EMDR, fue desarrollada por Francine Shapiro, autora de *Supera tu pasado*. Cuando se utiliza en un entorno clínico, la EMDR es una técnica muy útil que implica movimientos oculares bilaterales —mover los ojos hacia un lado y otro—, al tiempo que se rememora un recuerdo perturbador. Para aquellos que son más auditivos, los terapeutas utilizan sonidos bilaterales. Para a aquellos que están más orientados a la sensación, utilizan el *tapping* bilateral.

En las sesiones de EMDR, los pacientes comienzan evocando un recuerdo perturbador y lo puntúan en una escala del uno al diez, desde el menos hasta el más perturbador. Luego trabajan con un facilitador para reducir el nivel de estrés asociado con el recuerdo. Para obtener más información sobre la terapia EMDR, visita el sitio web del Instituto EMDR en ‹www.emdr.com›.

TÉCNICA DE LIBERACIÓN EMOCIONAL (EFT)

La Técnica de Liberación Emocional, también llamada *tapping*, consiste en que los pacientes den suaves golpecitos con los dedos sobre ciertos puntos meridianos similares a los utilizados en la acupuntura y la acupresión mientras repiten ciertas frases relacionadas con el problema en cuestión. Esta metodología está demostrando ser bastante efectiva para tratar una serie de afecciones emocionales y psicológicas, incluido el TEPT. Es una técnica relativamente simple que, una vez aprendida, los pacientes pueden realizar por su cuenta para reducir el miedo o la ansiedad. Sin embargo, no se recomienda para síntomas graves. Para obtener más información sobre la Técnica de Liberación Emocional (EFT), visita ‹www.eftuniverse.com›.

RESPIRACIÓN

Hay varias escuelas terapéuticas diferentes que se basan en un procedimiento fundamental: una respiración consciente que induce un estado alterado de conciencia en el que el cuerpo-mente produce espontáneamente una comprensión y sanación. La técnica original, llamada *rebirthing*, fue desarrollada por Leonard Orr y se describe en su libro *Renacimiento en la nueva era*, escrito con Sondra Ray.

La respiración holotrópica, desarrollada por el psiquiatra Stanislav Grof, ha sido una de las evoluciones más populares de esta tradición. Para saber más sobre Grof y sus métodos de entrenamiento transpersonal, visita <www.holotropic.com>.

Yo me formé en una técnica de respiración llamada Vivation que ha demostrado ser muy efectiva. He utilizado esta metodología con pacientes a lo largo de los años y recientemente he visto que hay un renovado interés en ella. Resulta una herramienta útil en mi práctica chamánica. La técnica Vivation utiliza patrones de respiración que varían desde respiraciones cortas y rápidas hasta respiraciones profundas más lentas a medida que cambia la intensidad de las emociones que surgen: cuanto más intensas son las emociones más rápida es la respiración. Encuentra más información sobre esta técnica en <www.vivation.com>.

YOGA

El yoga es una antigua disciplina hindú que se desarrolló originalmente para preparar a los practicantes para la muerte. Sin embargo, en la actualidad se ha apartado mucho de ese propósito original. La filosofía y la práctica del yoga, que ha aumentado de modo exponencial en popularidad a lo largo de los años, tiene como objetivo la armonización de la mente, el cuerpo y el espíritu.

Las proteínas nerviosas llamadas neuropéptidos son clave para desencadenar recuerdos de vivencias traumáticas. Cuando el cuerpo permanece en el modo de ataque/huida/parálisis durante un largo período de tiempo, esta respuesta queda bloqueada en el cuerpo. El yoga devuelve a las personas con TEPT a sus cuerpos y a su respiración, y ayuda a crear nuevas y más saludables vías de neuropéptidos, involucrando al sistema nervioso parasimpático, que es responsable de la respuesta de relajación. Beth Shaw describe este proceso en su artículo «Trauma Lives in the Body» en la revista *Whole Life Times*, que puedes encontrar en ‹www.wholelifetimes.com›.

Cuando descubrí el yoga por primera vez, me entusiasmé tanto que hacía una clase todos los días, ¡a veces dos! Cada vez que encuentro algo que conecta con mi corazón, alma, mente y cuerpo, lo ataco como un hombre hambriento. Y esto es lo que me pasó cuando descubrí el yoga. Te animo a explorar esta práctica.

El yoga se ha granjeado una gran popularidad en el mundo occidental y hay varios estilos diferentes: Ashtanga, Bikram, Hatha, Iyengar, Vinyasa y otros. Si te interesa, te sugiero que pruebes diferentes tipos y clases para ver qué estilos e instructores se adaptan mejor a tus necesidades.

TAICHÍ

El taichí es una antigua disciplina china que consiste en realizar movimientos estilizados coordinados con la respiración. Los movimientos fluidos expresan la dualidad de la vida —el yin y el yang, lo dinámico/masculino y lo receptivo/femenino—, moviéndose de una expresión a otra de estas fuerzas complementarias contenidas dentro del Uno. En esencia, el taichí es una especie de meditación en movimiento.

Siempre he sido un poco demasiado impaciente para la meditación en postura sentada, pero cuando encontré el taichí, trabajé en el aprendizaje y la práctica de los movimientos durante varios años. En la práctica, los 108 movimientos que constituyen toda la secuencia me hacían sentir tranquilo, arraigado y presente en cuerpo, mente y espíritu. Esta meditación en movimiento también tiene algunas variaciones. Si el taichí te atrae, busca en internet un estudio o un maestro en tu barrio.

CONSTELACIONES FAMILIARES

Las constelaciones familiares son un método terapéutico que se basa en una combinación de varios modelos de sistemas familiares. Está diseñado para ayudar a sanar patrones familiares poco saludables y, por lo tanto, encaja muy bien con el propósito del presente libro. Un libro sobre todo tipo de prácticas terapéuticas describe las constelaciones familiares de la siguiente manera:

> Las constelaciones familiares son una técnica para revelar las dinámicas ocultas en una familia de manera que se puedan trabajar y sanar. Desarrollada por Bert Hellinger, la técnica de constelaciones familiares consiste en representar las relaciones familiares con la colaboración de otras personas. Éstas se posicionan estratégicamente en los roles familiares, incluyendo una persona que representa al paciente, con el fin de llevar la dinámica familiar a buen término. A través

> de la comunicación no verbal, cada miembro participa en una forma de comunicación cohesiva e independiente que sirve para representar la verdadera naturaleza de la familia. Más información en ‹www.goodtherapy.org›.

Aunque cuando hacía psicoterapia participé en varios grupos y guie procesos similares, no he trabajado directamente con esta técnica, pero he hablado con otros terapeutas que están convencidos de que es otro medio para trabajar con patrones familiares ancestrales.

Gracias a las interacciones de los participantes, los aspectos disfuncionales de las familias salen a la luz para sanarse. Al parecer, quienes representan a los distintos miembros de la familia, incluyendo a las generaciones anteriores, pueden expresar los pensamientos y sentimientos de quienes representan a través de comportamientos no verbales.

Apéndice B

Adicciones y programas de doce pasos

Cualquier tipo de adicción puede afectar a los miembros de una familia de generación en generación, causando una espiral de angustia y vergüenza. Las adicciones son actividades compulsivas sobre las que uno parece no tener control y que persisten a pesar de sus consecuencias negativas. «Compulsivo» significa que sientes de manera regular el impulso irresistible de actuar según esa necesidad, aunque conscientemente prefieras no hacerlo. Si hay una adicción en tu línea familiar, o eres consciente de que tú mismo tienes una adicción, te sugiero que busques una ayuda externa.

En términos generales, existen dos tipos de adicciones: las adicciones a sustancias y las adicciones a procesos. Las adicciones a sustancias se refieren a cosas que se ingieren, como alcohol, drogas o alimentos. Las adicciones a procesos consisten en comportamientos que se llevan a cabo de manera compulsiva, como el juego, el sexo o las compras. Paradójicamente, estas adicciones suelen suponer intentos de tomar el control, aunque el propio comportamiento esté fuera de control. Algunas adicciones a procesos menos conocidas son el ejercicio excesivo, la incapacidad de mantenerse alejado de la televisión o internet, la pornografía, el trabajo, la negatividad, la cirugía estética y la acumulación.

Muchas personas con adicciones mejoran gracias a programas de doce pasos como el de Alcohólicos Anónimos. Los principios básicos de estos programas se fundamentan en cuatro imperativos clave:

- Admite que eres impotente ante tu adicción.
- Identifica un poder superior que pueda ayudarte a superar tu adicción.
- Identifica a otras personas que se hayan visto afectadas por tu adicción y pídeles perdón.
- Encuentra un nuevo código ético para tu vida.

Para algunos, la asistencia regular y la participación en un programa adecuado de doce pasos es suficiente para recuperarse y recobrar la sobriedad. Otros pueden necesitar ayuda adicional, quizá a través de alguna de las modalidades de sanación que se comentan en el Apéndice A. Si te identificas con esto de alguna manera, te animo a que sigas adelante y encuentres un programa de doce pasos adecuado. Comprométete a asistir a seis reuniones antes de decidir si quieres seguir participando. Hacer este importante trabajo liberará la energía que necesitas para realizar una profunda sanación ancestral.

Apéndice C

Índice de ejercicios

Capítulo 1

Capítulo 2

Capítulo 3

Capítulo 4

Bibliografía

Abram, David. *The Spell of the Sensuous: Perception and Language in a More-Than-Human World*. Nueva York: Vintage Books, 1997. [Hay trad. cast.: *La magia de los sentidos*, Barcelona, Kairós, 2023].

«African Ancestral Tradition». ‹isca-network.org›.

«African Shrines, Altars and Ancestors». 20 de julio de 2001. ‹www.spirithousesshrines.ucdavis.edu›.

«Ancestor Worship Festivals Around the World». ‹wikitravel.org›. Última actualización: 24 de octubre de 2014.

«Ancestor Worship in Taoism». ‹nationsonline.org›.

Arrien, Angeles. *The Four-Fold Way: Walking the Paths of the Warrior, Teacher, Healer and Visionary*. San Francisco: HarperSanFrancisco, 1993. [Hay trad. cast.: *Las cuatro sendas del chamán*, Madrid, Gaia, 2015].

Becker, Ernest. *The Denial of Death*. Nueva York: Free Press, 1973. [Hay trad. cast.: *La negación de la muerte*, Barcelona, Kairós, 2003].

Belic, Roko, autor y director. *Happy*. 2011.

Blum, Ralph H. *The Book of Runes, 25th Anniversary Edition*. Nueva York: St. Martin's Press, 2008.

«Bon Festival». ‹en.wikipedia.org›. Última actualización: 14 de julio de 2014.

Boring, Francesca Mason. *Connecting to Our Ancestral Past: Healing Through Family Constellations, Ceremony, and Ritual*. Berkeley, CA: North Atlantic Books, 2012.

Braden, Gregg. *The Divine Matrix: Bridging Time, Space, Miracles, and Belief*. Carlsbad, CA: Hay House, 2007. [Hay trad. cast.: *La matriz divina*, Málaga, Sirio, 2012].

Bradshaw, John. *Family Secrets: The Path to Self-Acceptance and Reunion*. Nueva York: Bantam Books, 1995.

«Chinese Ancestor Worship». ‹religionfacts.com›. Última actualización: 16 de diciembre de 2013.

Cowan, Tom. *Shamanism as a Spiritual Practice for Daily Life*. Berkeley, CA: Crossing Press, 1996. [Hay trad. cast.: *Chamanismo. Guía práctica*, Barcelona, Obelisco, 1999].

«Family Constellations». ‹www.goodtherapy.org›. Última actualización: 2 de mayo de 2014.

Furlong, David. *Healing Your Ancestral Patterns: How to Access the Past to Heal the Present*. Malvern, Worcestershire, Reino Unido: Atlanta Books, 2014.

Harner, Michael. *The Way of the Shaman*. San Francisco: HarperSanFrancisco, 1990. [Hay trad. cast.: *La senda del chamán*, Barcelona, Kairós, 2016].

Hillman, James. *The Soul's Code: In Search of Character and Calling*. Nueva York: Random House, 1996. [Hay trad. cast.: *El código del alma*, Barcelona, MR, 1998].

Hollis, Karen. «Debunking Earthbound Spirits: When Spirits Stay Behind by Choice, Not Force». *Readings by Karen* ‹www.readingsbykaren.com›.

Ingerman, Sandra. *Soul Retrieval: Mending the Fragmented Self*. San Francisco: HarperSanFrancisco, 1991.

Ingerman, Sandra, y Hank Wesselman. *Awakening to the Spirit World: The Shamanic Path of Direct Revelation*. Boulder, CO: Sounds True, 2010.

Knapp, Joseph. *Ancestral Healing: Gateway to Synchronicity*. Dripping Springs, TX: Blue Lotus Press, 2009.

Kopytoff, Igor. «Ancestors as Elders in Africa». ‹www.lucy.ukc.ac.uk›.

Lanza, Robert. Biocentrism: *How Life and Consciousness Are the Keys to Understanding the Nature of the Universe*. Dallas, TX: BenBella Books, 2009.

Lawson, T. M. «Ancestral Healing Prayer». *Higher Truths. facebook.com*. Publicado el 13 de noviembre de 2013.

Levine, Peter, con Ann Frederick. *Waking the Tiger: Healing Trauma*. Berkeley, CA: North Atlantic Books, 1997. [Hay trad. cast.: *Curar el trauma*, Barcelona, Diana, 2022].

MacEowen, Frank. *The Spiral of Memory and Belonging: A Celtic Path of Soul and Kinship*. Novato, CA: New World Library, 2004.

MacKay, Nikki. *The Science of Family: Working with Ancestral Patterns*. Winchester, Reino Unido: O Books, 2009.

Narby, Jeremy. *The Cosmic Serpent: DNA and the Origins of Knowledge*. Nueva York: Jeremy P. Tarcher/Putnam, 1998. [Hay trad. cast.: *La serpiente cósmica*, Madrid, Errata Naturae, 2021].

Rand, Hollister. *I'm Not Dead, I'm Different: Kids in Spirit Teach Us About Living a Better Life on Earth*. Nueva York: HarperCollins, 2011.

Rich, Judith. «Healing the Wounds of Your Ancestors». *Huffington Post*. 27 de abril de 2011.

Schucman, Helen. *A Course in Miracles, Combined Volume* (Third Edition). Mill Valley, CA: Foundation for Inner Peace, 2007. [Hay trad. cast.: *Un curso de milagros*, Mill Valley, CA, Foundation for Inner Peace, 2018].

Shaw, Beth. «Trauma Lives in the Body: Yoga Helps Vets with PTSD». *WholeLife Times*. Abril/mayo 2014.

Somé, Malidoma Patrice. *The Healing Wisdom of Africa: Finding Life Purpose Through Nature, Ritual, and Community*. Nueva York: Jeremy P. Tarcher/Putnam, 1998.

Taylor, Jill Bolte. *My Stroke of Insight: A Brain Scientist's Personal Journey*. Nueva York: Plume, 2006. [Hay trad. cast.: *Un ataque de lucidez*, Barcelona, Debate, 2009].

Thomas, Ariann. *Healing Family Patterns: Ancestral Lineage Clearing for Personal Growth*. Sedona, AZ: Ancestral Wisdom Press, 2011.

Van der Kolk, Bessel, Alexander C. McFarlane, y Lars Weisath, eds. *Traumatic Stress: The Effects of Overwhelming Experience on Mind, Body, and Society*. Nueva York: Guilford Press, 1996.

«Veneration of the Dead». ‹wikipedia.org›. Última actualización: 17 de julio de 2014.

Walsh, Roger N. *The Spirit of Shamanism*. Nueva York: Jeremy P. Tarcher, 1990.

Wertz, Richard. «Ancestor Worship». ‹ibiblio.org›.

Wing, R. L. *The I Ching Workbook*. Nueva York: Doubleday, 1978.

OTROS LIBROS DEL AUTOR

Farmer, Steven D., *Adult Children of Abusive Parents*. Dana Point, CA: Earth Magic Publishing, 2015.

—, *Animal Spirit Guides: An Easy-to-Use Handbook for Identifying and Understanding Your Power Animals and Animal Spirit Helpers*. Carlsbad, CA: Hay House, 2006.

—, *Animals: Personal Tales of Encounters with Spirit Animals*. Ft. Lauderdale, FL: Sacred Stories Publishing, 2022.

—, *Earth Magic: Ancient Shamanic Wisdom for Healing Yourself, Others, and the Planet*. Carlsbad, CA: Hay House, 2009.

—, *Pocket Guide to Spirit Animals: Understanding Messages from Your Animal Spirit Guides*. Carlsbad, CA: Hay House, 2012.

—, *Power Animals: How to Connect with Your Animal Spirit Guide*. Carlsbad, CA: Hay House, 2004.

—, *Sacred Ceremony: How to Create Ceremonies for Healing, Transitions, and Celebrations*. Carlsbad, CA: Hay House, 2002.

BARAJAS DE CARTAS DEL AUTOR

Farmer, Steven D. *Children's Spirit Animal Cards*. Palmer Lake, CO: Satiama, 2011.

—, *Earth Magic Oracle Cards: A 48-Card Deck and Guidebook*. Carlsbad, CA: Hay House, 2010. [Hay trad. cast.: *Magia de la tierra. Cartas oráculo*, Madrid, Arkano Books, 2013].

—, *Messages from the Ancestors Oracle Cards*. San Antonio, TX: Hierophant Publishing, 2021.

—, *Messages from the Spirits of Nature Oracle Cards*. Carlsbad, CA: Hay House, 2022.

—, *Messages from Your Animal Spirit Guides Oracle Cards: A 44-Card Deck and Guidebook*. Carlsbad, CA: Hay House, 2008.

—, *Power Animal Oracle Cards: Practical and Powerful Guidance from Animal Spirit Guides*. Carlsbad, CA: Hay House, 2006.

Sobre el autor

El doctor Steven Farmer es psicoterapeuta licenciado, practicante chamánico, hipnoterapeuta y especialista en recuperación de traumas con certificación en EMDR y Experiencias Somáticas. Es autor de numerosos libros y barajas de cartas oráculo de éxito internacional como *Animals: Personal Tales of Encounters with Spirit Animals*, *Earth Magic*, *Animal Spirit Guides*, *Messages from the Ancestors Oracle Cards* y *Messages from the Spirits of Nature Oracle Cards*. Ofrece consultas individuales, así como un programa privado de orientación, y forma parte de la junta de la Sociedad de Práctica Chamánica. Visítalo en ‹www.drstevenfarmer.com›.

Esta obra se imprimió y encuadernó
en el mes de septiembre de 2025,
en los talleres de Egedsa, que se localizan en
la calle Roís de Corella, 12-16, nave 1,
C.P. 08205, Sabadell (España).